집에 일생을 걸 것인가?

아파트 쇼크

APARTMENT SHOCK

집 에 일 생 을 걸 것 인 가 ?

아파트 쇼크

이원재 지음

KDbooks 케이디북스

아파트 황금기는 지나갔다

지금 이 상태라면 가망이 없다! 필자의 솔직한 판단이다. 왜 그렇게 생각하는가? 그것은 이후 전개할 내용에서 보다 자세하게 기술할 것이다. 그러나 명색이 '저자의 글'이다 보니 이 책을 내게 된 이유는 밝혀야 할 것이다.

그동안 우리나라 부동산 시장은 불황이 없었다. 부동산 시장에 뛰어들 여력이 없어서 기회를 놓친 사람에게는 아쉬운 일이지만 지난 몇 십 년간 우리나라에서 부동산은 곧 부를 축적하는 가장 확실하고 안전한 방법이었다. 여기에 부동산은 그 어떤 투자 대상보다 단기간에 높은 수익을 올려주었다.

그 중심에 아파트가 있다.

세상에 영원한 것은 없다. 이것은 그동안 부동산 투자가 대부분 투기 성향이고, 그 때문에 우리나라 부동산 시장이 비정상적으로 가격이 올라갔다는 비판과는 상관없는 이야기다.

자본주의가 무엇인가? 비판과 비난은 귀를 막으면 된다. 하지만 투자 금액 손실은 절대 참을 수 없는 일이다. 이런 것들이 아닌가?

그런데 절대적으로 영원하며 안전하다고 믿었던 아파트 시장이 흔들리고 있다. 우리나라 부동산 시장의 중심이라고 할 수 있는 아파트 가격이 하락하면서 부동산 시장 전체가 요동치고 있다.

많은 사람들은 언제 이 상태에서 벗어나 다시 '황금알을 낳는 거위' 시대가 되돌아올 것인가를 점친다. 그리고 간절하게 기원한다.

냉정하게 말하면 이제 우리나라에서 부동산, 특히 아파트를 통해 과거와 같은 '부'를 쌓는 시대는 지나갔다. 왜 그런가? 세상은 급격하게 변해 가고 있다. 라이프스타일, 인생관, 가족관, 인구 구성 비율, 생활의 우선순위를 가르는 가치관 등 소비를 좌우하는 모든 것들이 변했다.

이 모든 변화는 '아파트 황금기' 도래를 외치는 사람들과의 바람과는 정반대 방향으로 진행하고 있다. 바로 이 점에 주목해야 한다. 이제 우리나라에서 아파트에 투자하여 과거와 같이 벼락부자가 되는 시대는 오지 않을 것이다.

모른다. 한 5년에서 10년 뒤에 베이비붐이 일어나서 그로부터 20년에서 30년 뒤라면 모를까. 아니면 멸실 아파트가 갑자기 급증하여 수요가 대량으로 늘어나면 된다. 그러나 이것은 현실성이 없는 이야기다.

그렇다면 지금 필요한 것이 무엇인가?

지나치게 낙망하지도 말고 지나치게 과거의 향수에 기대어 근거 없는 낙관론에 기대는 자세도 없애야 한다. 그것은 부동산 가격 대폭락을 막는 길이자 이미 일본, 미국, 아일랜드, 두바이 등이 경험한 부동산 가격 대폭락과 그로 인한 경제 불황을 막는 길이기도 하다.

필자는 이 책에서 줄기차게 아파트 성공 신화를 버릴 것을 주장할 것이다. 그것이 '대재앙'을 사전에 방지하는 길이라고 믿기 때문이다.

2011년 1월 이원재

Contents

집에 일생을 걸 것인가?

아파트 쇼크

제4장 아파트 가격 폭락! 이미 시한폭탄은 작동됐다

제5장 아파트 비상 탈출! 아직 비상구는 열려 있다

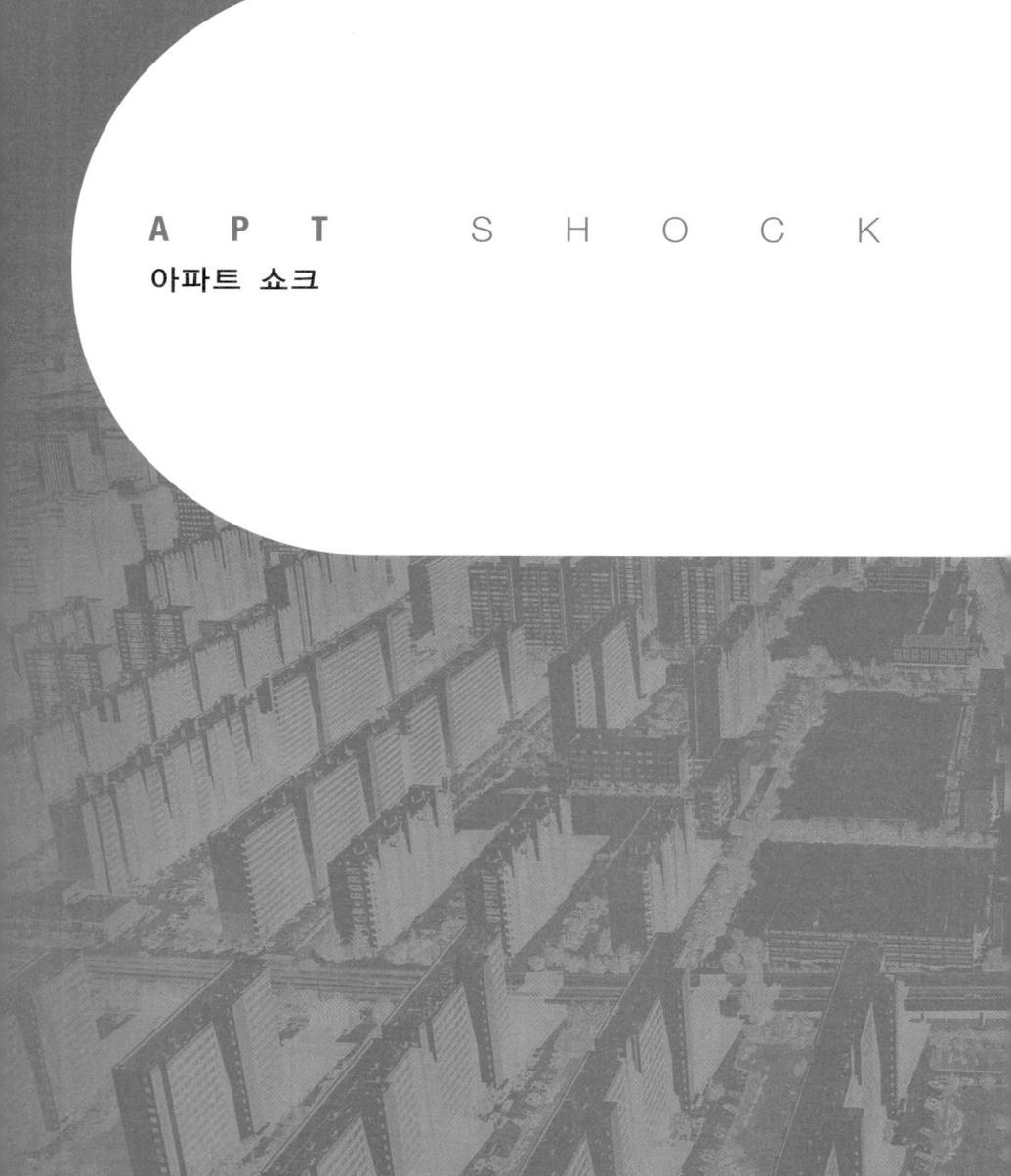

A P T   S H O C K
아파트 쇼크

Part 1

아파트 성공 신화?
이제 한계점에 서 있다

- 당신의 아파트는 괜찮습니까? • 아파트에 무슨 문제가 생긴 것일까?
- 회색빛 미련으로 변한 장밋빛 아파트 • 소원에 가려져 있는 아파트의 진실
- 이제 우리는 한계점에 서 있다 • 정부의 부동산 대책을 기대하지 마라
- 아직도 미련을 떨치지 못하는 사람들 • 아파트 위기를 벗어날 비상구는 있는가?

아파트 성공 신화?
이제 한계점에 서 있다

Part 1

• 당신의 아파트는 괜찮습니까?

하우스 푸어(House Poor)!

이제는 조금도 낯선 말이 아니다. 얼마 전부터 언론 지상에 등장한 말로 '집은 있지만 집 때문에 가난한 사람들'을 가리키는 말이다. 이제는 누구나 알고 있는 말이기도 하다. 아니, 모르면 이상할 정도다. 적어도 이 땅에서 부동산에 관심을 가진 사람들에게 마음속에 가시처럼 박힌 말이다.

우리 옛말에 '땅거지'라는 말이 있다. 소중한 재산인 땅을 광범위하게 갖고 있지만 실제 사용할 수 있는 현금은 가지고 있지 않은 사람들을 일컬어 하던 말이다. 그러나 '땅거지'라는 말은 한동안 우리 주변에서 사라졌다.

그 이유가 뭘까? 무엇보다 부동산의 가장 큰 약점이라고 할 수 있는 환금성이 대폭 향상된 것이 그 이유다. 여기에 부동산은 가장 믿을 수 있는 재산으로 간주되어 마음만 먹는다면 은행의 담보대출 등을 통해 얼마든지 현금화할 수 있었다.

그 중심에 아파트가 있었다. 아파트는 모든 부동산 시장을 선도하고 주도하는 중심축이었다.

아파트 시장이 있는 이상 우리나라 부동산 시장은 결코 무너질 수 없는 철옹성으로 보였다. 그런데 부동산 시장의 중심, 핵이라고 할 수 있는 아파트가 수상해지기 시작했다.

주로 아파트 시장에서 비롯된 '하우스 푸어'라는 말이 조금도 낯설지 않다. 사실 미국에서 시작된 하우스 푸어가 유행어가 된 것도, 지금도 수많은 하우스 푸어를 양산하고 있는 것도 바로 아파트다. 아파트는 우리나라 부동산 시장의 든든한 배경에서 가격 대폭락으로 가는 재앙의 진원지 구실을 하고 있다.

지금까지 보여준 것은 빙산의 일각에 불과하다. 한 번 시작된 균열은 점차 걷잡을 수 없이, 미처 손쓸 겨를도 없이 우리에게 재앙을 가져올 것이다.

부정하고만 싶지만, 상상도 하기 싫은 일들이 점차 현실로 다가오고 있다.

사실 우리에게는 기회가 있었다. 우리들이 조금 현명했다면, 우리들이 어느 순간쯤에서 더 이상의 탐욕을 버릴 줄 알았더라면 오늘의 피해를 최소화할 수 있었다. 나아가서 다가오는 미래를 담담한 시각으로 대비할 수 있었을 것이다. 지금처럼 속수무책으로 손을 놓아버리거나 다가오는 엄청난 쓰나미를 보면서도 '저것은 사실이 아닐 거야'라며 고개를 젓는 일은 일어나지 않았을 것이다.

"왜 아파트가 문제인가?"

이렇게 물을 수도 있다. 그러나 현실을 냉정하게 보자! 지금의 부동산 가격을 주도하고 '불패론'을 만든 것도 아파트다. 부동산의 중심에 있는 아파트에 수상한 기미가 보이면서 전체 부동산 시장이 요동치고 있다.

항상 모든 문제는 주변부에서 시작되지 않는다. 중심부에서 시작하여 주변부까지 꼼짝하지 못하도록 만든다. 부동산 시장에서는 그 역할을 아파트가 맡았다.

아파트에 무슨 문제가 생긴 것일까?

가격 하락을 결정하는 수요 감소와 공급 물량 증가 현상은 당연한 일이다. 가격 하락이 시작되면서 자산 가치가 하락하고 이것은 아파트 가격에서 담보 비율의 증가를 가져온다. 여기에 내수 시장 위축은 불에 기름을 부은 격이다.

담보대출을 안고 가까스로 버티고 있는 아파트 소유자들은 더 이상 버틸 여력이 없다. 그들은 피해를 최소화하기 위해 아파트를 매도하게 되고, 그런 계층이 늘어나면서 가격 하락 폭은 커질 수밖에 없다.

이것이 간단하게 살펴본, 지금 아파트 시장이 안고 있는 악순환의 카테고리다.

앞으로의 전망은 어떨까? 한 번 악순환의 카테고리에 빠지게 되면 한 가지 요소라도 안정되지 않으면 계속 진행된다. 그런데 카테고리를 구성하고 있는 요소 중 한 가지라도 단기간에 제자리를 찾을 것이 보이지 않는다.

그렇기에 이 책을 접한 독자들에게 묻는다.

"당신의 아파트는 괜찮습니까?"

우리나라에서 아파트는 필수 부가결한 선택이었다. 급속한 산업화, 도시화를 감당해야 했고 특히 인구집중에 따른 주택문제 해결은 정권의 명운을 좌우할 정도로 중요한 문제였다. 정책 입안자, 주택문제를 책임진 관공서, 건설사는 그 답을 아파트에서 찾았다.

아파트에서 해결책을 찾은 것은 어쩔 수 없는 측면이 있다. 한정된 토지, 그것도 몹시 제한적인 토지 공급 상황에서 대량의 주택을 공급할 수 있는 아파트는 두 가지 문제 모두를 해결할 수 있는 매력적인 수단이었다.

그와 같은 요구가 맞아떨어져 건설된 것이 마포 도화아파트, 삼일아파트, 최초의 주상복합 아파트인 대림 세운상가 아파트, 여의도 시범단지 등이었다. 1962년부터 건설을 시작한 마포 도화아파트를 중심으로 그때까지 세워진 아파트들은 대지 이용을 최대화하면서 많은 주택을 공급한다는 본래의 목적을 충실하게 따른 아파트들이었다.

그러나 그 뒤에 건설된 아파트들이 문제였다. 강남 개발을 시작으로 건설되기 시작한 아파트들은 기존의 아파트들과는 달랐다. 기존 아파트들과는 개발 목적이 달랐기에 예상된 결과였다.

먼저 아파트의 규모다. 이때부터 한 세대당 아파트 면적이 130㎡

(40평 이상)가 넘는 대형 아파트들이 건설되기 시작했다. 그 당시 우리들이 살았고, 알고 있던 집의 규모에 비하면 엄청나게 큰 주거 공간이었다.

단지도 대규모로 건설되었다. 1,000세대 단지는 보통이고 5,000세대 단지도 건설되었다. 그동안 단지 서양인들의 입식(立式) 생활을 부러워하던 주거 공간 아파트가 그때부터는 최고급 주거 형태로 자리 잡은 것이다.

모든 사람들이 꿈에 그리던 주거 공간으로서의 아파트!

사람들은 너도나도 아파트에 매달렸다. 한 사람의 세속적인 성공 여부가 서울에 아파트를 가지고 있느냐, 아파트 평수가 얼마인가에 따라 결정되었다. 굳이 직업이나 지위를 들먹이지 않아도 아파트 크기, 사는 아파트의 브랜드만으로도 그 사람의 사회적인 성공 여부를 가늠할 수 있었다. 그 정도로 아파트는 선망의 대상이었다.

그것만이 아니었다. 아파트에 대한 선호도가 높아지고, 희망하는 주거 공간이 되면서 아파트는 재산 증식의 가장 유력한 수단이자, 믿을 수 있는 수단이 되었다. 아파트는 실패가 없는, 보장된 투자 대상이었다. 아무리 경제를 모르는 사람이라도 사두기만 하면 돈이 되는 것이 아파트였다. 우리 모두는 지난 30년간 그렇게 알고 살았다.

우리들이 얼마나 아파트에 올인했는지를 보여주는 통계치가 있다.

2010년 말, 가파른 성장을 했음에도 불구하고 주식시가 총액은 약 279조 원이다. 같은 기간 아파트 가격 총액은 약 780조 원이다. 아파트 가격이 하락했는데도 그렇다.

약 3배 가까운 수준이다. 이것이 의미하는 것은 무엇인가?

이것은 국내 자본이 생산 자본으로 활용된 것이 아니라 부동산, 특히 아파트에 집중 투자된 것을 뜻하며, 자본 흐름이 심하게 왜곡되어 있다는 것을 한눈에 알 수 있다.

그만큼 아파트는 '생활의 중심', '생각의 중심'에 서 있었다.

그런데 도저히 불가능할 것이라고 생각하던 일이 일어나기 시작했다. 꿈의 아파트가 역습을 하기 시작한 것이다.

아파트가 투자 대상으로서의 지위를 내려놓기 시작했다. 자산을 안전하게 지켜준다고 믿었던 아파트가 오히려 자산을 감소시키는 것을 목격하게 되었다. 믿을 수도 없고, 일어나서도 안 되는 일이 버젓이 진행되고 있다.

우리를 더욱 우울하게 만드는 사실이 있다. 아파트를 주거 공간이 아닌, 투기의 대상으로 삼았던 사람들은 모두 아파트를 떠났다. 아파트 가격을 한껏 올려놓은 그 사람들은 모두 어디로 갔는가?

겉모습만 찬란한 아파트 단지를 올려다보면서 한숨짓는 사람들이 많다. 평생 아파트 단지 입주를 희망하면서 알뜰살뜰 모은 전 재산을 아파트에 넣어 뒤늦게 아파트에 입주한 사람들이다.

아파트를 매입할 때 관행처럼 되어버린 담보대출을 받아 아파트에 입주한 뒤에 매달 갚아야 하는 대출 원리금 상환에 힘없이 고개를 떨구는 사람들이다.

그리고 언젠가는 저 아파트에서 단란한 가정을 꾸릴 것이라고 상상하던 사람들이다. 그들은 아파트 생활을 경험한 바로 우리들의 자식 세대들이다.

이것이 2011년, 우리들의 자화상이다.

● 회색빛 미련으로 변한 장밋빛 아파트

우리들은 아직도 꿈을 버리지 못하고 있다. '설마 아파트가?' 라는 기대를 버리지 못하고 있다.

여기서 우리들이 알아야 할 것이 있다. 1%의 차이다. 1%라고 하면 얼마 되지 않는 돈으로 여겨진다. 그러나 1억 원이라고 했을 때의 1%는 단위가 달라진다. 100만 원이다.

지난 2007년 금융위기 이후 매월, 분기별로 아파트 가격이 1%, 0.5%씩 하락했다는 기사를 접할 때면 별로 실감나게 다가오지 않았을 것이다. 하지만 이것을 통틀어 누적 금액으로 생각해 보라!

놀란 가슴을 쓸어내리기 전에 화가 날 것이다. 그 사이에 자신의 재산 가치가 얼마나 하락했는지를 알게 된 것이다.

아파트 이외에 다른 재산이 있다면 사정은 낫다. 흔히 사람들이 하는 말대로 40년에서 50년 동안 경제활동을 하여 '달랑 아파트 한 채' 가지고 있는 사람들에게는 기절초풍할 일이다.

더 큰 문제는 대출 금리다. 2010년 12월 기준, 한국은행 공식 금리는 2.50%다. 물론 대출의 경우 시중 은행의 금리가 이것보다 높은 것은 두말할 여지가 없다. 만약 아파트 한 채를 구입하면서 1억 원을 담보 대출 받았다고 생각해 보라!

한 달에 갚아야 하는 이자(원리금 합계인 경우에는 그나마 다행이다)만 얼마인가? 우리나라 가계 평균 소득을 상회하는 수준이다. 한 달 일해서 겨우 아파트 대출 이자 내고 상환금 약간 갚으면 아무것도 남는 게 없다는 계산이 나온다.

실제로 필자 주변에도 아파트 한 채 지키기 위해 일상생활에서 누릴 수 있는 모든 즐거움을 포기한 30대, 40대 세대들을 어렵지 않게 만날 수 있다.

가까스로 아파트 한 채는 지켜낸다지만 생활은 어떻게 할 것인가? 자녀들의 양육비나 교육비는 어떻게 해결할 것인가?

계산기만 두들겨 봐도 사실은 명확해진다. 도저히 결론이 안 나오는 짓을 하고 있다는 이야기다.

패배가 분명한 게임을 하고 있는 것이다.

혹자는 참고 견디면 반등을 하리라고 말한다. 제법 구체적인 근거를 들어 반등의 시기를 말하는 사람들도 있다. 그런데 반등의 근거를 유심히 살펴보라. 이사철 등 계절적 요인, 자녀 진학 등에 의한 환경적 요인, 결혼에 따른 수요 기대, 경기 회복 등을 근거로 들고 있다. 이 얼마나 허무맹랑한 이야기인가!

물론 필자는 장기적으로 우리나라 부동산 시장이 일본이나 미국, 그 밖에 부동산 시장 활성화로 흥했다가 깊은 수렁에 빠진 나라들의 전철을 밟지 않기를 바란다. 그렇게 되어서도 안 된다. 그렇지만 경제는 살아 움직이는 것이다. 바란다고 해서 꼭 그렇게 된다는 보장이 없다.

아파트 시장이 예전의 기세를 되찾을 것이라고 하는 사람들이 주장하는 내용의 허점을 짚어보자.

먼저 이사철 등 계절적 요인의 허점을 살펴보자. 우리나라에서 5억 원에서 10억 원 이상 나가는 서울 시내 중대형 아파트를 구입할 사람이 얼마나 있을까? 그런 능력을 가진 사람들은 이미 아파트 구입을 마친 사람들이다.

자녀 진학? 여기에 약간의 변수는 있다. 하지만 이것은 지방에서 자산을 가진 사람들이 자녀들을 유학시키는 정도다. 그 이외에 상급

학교 진학을 이유로 지방이나 서울 인근에서 'In Seoul' 할 수 있는 계층은 이미 동이 났다. 또한 왕성한 교육열을 가진 그런 부모들은 자녀들이 초등학교 다닐 때에 이미 서울에 진입한 사람들이라는 사실을 잊지 마라.

결혼 수요? 갈수록 결혼은 감소하는 추세다. 이것은 문화적인 요인 이지만 시간이 흐른다고 해서 결혼 계층이 늘어날 것이라는 기대를 하지 마라. 우리 사회는 이미 혼자 사는 세대가 늘어나는, 서구식 문 화로 탈바꿈하고 있으며 그런 흐름은 더욱 가속도를 낼 것이다. 이 미 베이비붐 세대가 지났다는 것도 잊지 마라(우리나라 인구 증감 분포도를 보면 그 사실을 더욱 자세하게 알 수 있을 것이다).

경기 회복? 지금의 경기 회복이 정녕 내수가 뒷받침된 경기 회복으 로 보이는가? 미국·중국·일본의 환율 게임, 머니 게임에 따라서 언 제든지 몇 년 전과 같은 낭떠러지로 떨어질 수 있다. 더군다나 지금 경기회복 지수로 나타나는 요인들은 하나같이 몇몇 대기업의 환차 익에 의존했다는 것을 생각해야 한다.

아파트에서 장밋빛 미래를 보며 꿈을 가지고 있었을 때, 우리나라 에 지어진 아파트는 거의 회색 일색이었다. 그러나 지금 아파트는 온갖 화려한 색으로 칠해졌지만 회색빛 미련만 남았다. 이것이 움직 일 수 없는 현실이다.

주마간산(走馬看山) 식으로 우리나라의 아파트(크게 보아 부동산)가 처해 있는 환경을 알아보았다. 결론은 아무리 좋게 생각하려고 해도 고개를 저을 수밖에 없다. 언론 등에서 매일같이 부동산 경기 부양책, 특히 '하우스 푸어'라는 말까지 사용하며 아파트 경기 부양책을 요구하는 이유가 여기에 있다.

아파트 시장 붕괴는 우리 경제를 떠받치고 있는 시장질서의 붕괴를 뜻하기 때문이다. 건설 산업의 붕괴는 나중의 일이고 개인의 자산, 즉 국가의 자산이 토막 나는 것을 뜻한다. 필사적으로 아파트 시장 붕괴를 막아야 하는 이유도 여기에 있다.

이런 상황에서도 아직도 아파트를 주장할 것인가? 아직도 '그래도 아파트!'라는 믿음을 가지고 있는가?

그렇다면 이제부터 풀어나가는 이야기를 잘 읽어 주기를 바란다.

● 소원에 가려져 있는 아파트의 진실

아파트 시장이 심상치 않아지면서 얼마 전부터 이런 이야기들이 심심치 않게 흘러나온다.

"부동산 버블 붕괴를 주장하는 자들은 말 그대로 부동산 시장이 붕괴하는 것을 원하는 자들이다. 그들이 원하는 것이 무엇인가?"

또 이런 이야기도 흘러나온다.

"현 정부에 불만인 사람들에게 아파트 시장만큼 좋은 타깃은 없다. 그들은 현 정부를 지지했던 중심 세력들이 절망하는 모습을 보며 희열을 느끼는 세력이기 때문이다."

이런 기사를 읽었을 때, 어떤 심정이 들까? 모든 것을 정치 논리로 재단하는 그들에게 일갈(一喝)하고 싶었다.

"손바닥으로 하늘을 가리려 하지 말고 현실을 똑바로 보시오!"

경제에는 정치가 없다. 이것은 인류가 오랜 세월 동안 경험한 것이다. 정치가 경제를 볼모로 삼을 수는 있다. 하지만 먹고 사는 문제, 즉 경제는 정치에 예속되지 않는다. 당장은 정치권력이 힘으로 어떻게 손써 볼 수 있겠지만 언젠가는 경제 문제로 인해 그 정치권력은 종말을 고하게 된다. 이것은 경제를 틀어쥐려 했던, 지구상에 등장했던 모든 정치권력의 종점이기도 하다.

시각을 달리해 보자.

먹고사는 문제를 해결하지 않고 지속되는 권력을 본 적이 있는가? 먹고사는 문제를 해결하지 못하는 정치권력을 용납하는 국민들이 있었던가? 엄밀하게 말하자면 정치권력은 먹고사는 문제를 해결하기 위한 하나의 방편이다. 인류 역사에서 숱하게 많은 사상가, 지도자들이 등장했지만 먹고사는 문제를 해결하지 못한 정치권력은 흔적도 없이 사라졌다.

　자, 우리들의 주제인 부동산, 그중에서도 아파트 이야기를 해보자.
　지금 우리 아파트 시장의 가장 큰 문제는 무엇인가? 이 점에 대해
서 필자는 무척 오랜 시간 동안 고민해 왔다. 나름대로 대책이나 방
안들도 생각해 봤다. 그러나 현 단계에서는 백약이 무효였다. 이 점
에서는 정책 입안자들도 같은 고민을 하고 있으리라고 짐작한다.
　그렇다면 방법은 무엇인가?
　우선 솔직해져야 한다. 언론에 잘못된 통계 수치를 발표하여 국민
들의 눈과 귀를 어둡게 만들어서는 안 된다. 바로 저 앞이 낭떠러지
인데도 불구하고 마치 그곳으로 가면 젖과 꿀이 흐르는 땅이 있는 것
처럼 이끄는 것은 더 큰 불행을 자초한다.
　가장 큰 잘못은 참고 견디면 언젠가는 바닥을 치고 예전과 같은 호
황기를 누릴 수 있을 것이라고 말하는 것이다. 그렇게 하기에는 우
리는 너무 많이 와버렸다. 그것도 대책 없이 말이다.

　보다 정직하게 말하자면 필자는 아파트 시장이 계속하여 호황을
이루기를 희망하는 사람이다. 그것을 소원이라고 하자. 소원이란 무
엇인가. 이루어지기를 간절하게 바라는 것이 아니던가. 먼저 필자가
생각을 밝히는 것은 혹시라도 앞에서 말한 편협한 잣대로 필자의 말

을 곡해하고, 억지 이론을 들이밀지는 않을까 하는 염려 때문이다.

　필자의 소원은 밝힌 그대로다. 그런데도 불구하고 아파트 가격 저점이 머지않았다는 주장에는 동의하지 않는다. 필자가 비관론자라서일까?

　'곧, 조만간' 이라는 수식어를 붙이고 아파트 가격이 저점을 찍을 것이라는 말이 언제부터 언론에 나오기 시작했을까? 아마도 그것은 2006년부터 계속 쏟아져 나온 말이다. '곧' 이라는 말은 금융위기와 미국의 서브프라임 사태로 연장되고 이제는 2011년 상반기를 예상하고 있다. 그런데 문제는 이것이다.

　아파트 가격 저점이 곧 다가온다는 정확하고 구체적인 근거는 무엇인가?

　장님이 코끼리 다리 만지는 식으로 이야기하지 말자. 반등을 이야기하는 사람들은 구체적이고 정확한 근거를 대지 않는다. 제법 그럴듯한 말로 포장하고 있지만 하나같이 추상적인 근거들이다.

　문제는 또 있다. 우리 힘으로 반등을 할 수 있는 조건은 단 하나도 없다. 한마디로 운이 좋아서 주변 여건이 좋아지면 그때 반등을 하게 될 것이라는 이야기들이다.

　경제 주체들은 신뢰할 수 있어야 한다. 신뢰가 무너졌을 때는 더 지독한 악순환을 경험할 수밖에 없다. 아파트 시장을 비관적으로 보는 우리 모두가 사실을 알면서도 입에 올리기를 꺼려한다는 점 때문이다. 그렇게 해서는 제대로 된 대책이 나올 수가 없다.

● 이제 우리는 한계점에 서 있다

아파트 가격이 저점을 지나고 있다는 말은 지난 3년간 끊임없이 계속된 말이다. 2007년에도 그런 말이 나왔고 2008년에도 그런 말이 나왔다. 2009년에는 금융위기를 극복했다는 판단 아래 2010년 상반기에 아파트 가격이 바닥을 칠 것이라는 전망이 우세했다.

2010년이 되어서도 아파트 가격은 반등은커녕 하락을 계속했다. 그러자 언론과 관련 산업계에서는 정부에 부양책을 내놓으라는 요구를 강력하게 요구했다. 그 결과 나온 것이 DTI(총부채상환비율 : 소득에 따라 대출을 제한하는 제도) 규제 완화를 비롯한 이른바 2010년 8·29 부동산 종합 대책이었다.

초조하게 정부 대책을 기다리던 사람들은 더 이상 아파트 가격 하락은 없을 것이라고 믿었다. 사실 정부로서도 양도소득세 폐지를 제외한 모든 대책은 다 내놓은 셈이라고 할 수 있다. 그러나 그 결과는 어떤가?

물론 이번 대책은 미분양 아파트의 경우 직접적인 수혜 대상이 아니다. 신규 분양 아파트의 중도금 대출은 그동안 DTI 적용을 받지 않았기 때문이다. 정부 대책 발표 이후 잠시 동안 '집값이 더 떨어질 가능성은 적다'고 보는 수요자들이 많아지면서 거래와 문의가 늘었던 것도 사실이다. 전매하려고 내놓았던 물건도 일부 다시 거둬들이는 모습도 보였다.

그러나 정작 미분양 아파트 적체가 심한 곳이나 대형 평형 아파트는 여전히 매수세가 일어나지 않았다. 기대 심리만 커진 가운데 구체적인 움직임은 거의 일어나지 않은 것이다.

일부 중소형 아파트는 매매가 이루어지고 있다. 이 점은 나중에 다시 설명하겠지만 우리나라 아파트 시장에 일대 지각 변동을 일으키는 징조라고 할 수 있다.

앞에서 이야기한 것처럼 우리나라 아파트 가격 총액은 약 780조 원이다. 이 중에 서울과 수도권 아파트 가격 총액이 550조 원 이상을 차지하고 기타 지방이 228조 원이다.

전체 아파트 가격에서 수도권 아파트 가격은 약 70%를 상회한다. 이것은 사실 지금의 아파트 문제는 지방보다 수도권에서 시작되었다는 것을 뜻한다. 아파트가 가장 많고 아파트의 중심지라고 할 수 있는 서울과 수도권에서 시작된 문제다.

참고로 수도권 아파트는 한 해 동안 약 40조 원이 증발했지만 지방에서는 오히려 아파트 가격 총액이 14조 원 늘었다. 그렇게 하여 전체 아파트 가격은 25조 원 감소한 것으로 나타났다.

이것이 의미하는 것은 분명하다. 수도권을 제외한 지방 권역의 아파트 가격이 상승했지만 수도권의 가격 하락 폭을 지탱할 힘은 없었다. 결국 아파트 시장을 선도하고 좌지우지하는 것은 수도권 아파트라는 것이 분명하게 밝혀진 것이다.

현재 아파트 매매시장은 지역에 따라 큰 편차를 보이고 있다. 전반적으로 매도·매수자 간 눈치 보기 장세가 이어지면서 거래는 활발하지 않은 상황이다. 다만 집값은 지역에 따라 소폭 반등한 곳도 나타나기 시작했다.

하지만 8·29 부동산 대책 발표 이후에도 아파트 가격 하락은 계속되고 있다. 낙폭은 대책 발표 이전보다 조금 줄어들었지만 그동안 부동산 대책 발표에 맞춰 요동치던 아파트 가격 상승과 하락을 생각하면 커다란 호수에 던진 작은 돌멩이 하나 정도의 효과를 보였다.

정부가 8·29 부동산 종합 대책을 내놓았다. 문제는 바로 그 점이다. 정부로서도 더 이상 내놓을 대책이 거의 없다. 양도세, 증여세 감면? 그것은 국민 정서상 시행하기도 힘들고, 효과를 기대하기도 힘들다. 또한 가뜩이나 국가 부채가 상승하고 세수원이 줄어들고 있는 마당에 취할 수 있는 방법도 아니다.

가격 결정은 경제 논리에 따른다. 수요와 공급에 의해서 가격이 결정된다는 것은 전문적인 경제 지식이 없더라도 알고 있는 상식이다. 정부의 잇단 대책에도 불구하고 가격이 하락한다는 것은 매수 매도 간의 균형이 깨졌다는 것을 의미한다. 매수세가 없는데 어떻게 가격이 오르기를 바라는가. 아니, 가격이 떨어지는 것이 상식이다.

이것이 뜻하는 것은 무척 중요하다. 이제 이 땅에서 다시 불같은 아파트 매수세가 일어나기를 기대하기는 힘들다. 이미 구입을 할 사람은 구입을 마친 상태인데 공급은 줄어들지 않는다. 오히려 평당 매각 가격이 자유화된 2008년 이후, 이제 막 분양을 시작하는 아파트들의 공급은 수요를 훨씬 추월한다.

이 상태에서 현재의 경제 사정과 소득 증가 추세로 보면 아파트를 구입할 여력이 있는 사람은 거의 없다. 상속이나 증여 등으로 구입 능력을 갖추지 않는다면 그럴 것이다. 필자는 그렇게 판단한다.

만약 아파트 시장 전망을 긍정적으로 본다면 가격이 하락한 지금 추가 구입을 할 수 있는 여력을 가진 사람들은 왜 침묵할까? 이미 아파트로 단단히 한몫을 챙긴, 아파트 시장의 매력과 투자 방법이라면 전문가 못지않은 식견을 가진 사람들이 왜 딴 곳을 바라볼까? 지금의 아파트 가격을 만들어 놓은 사람들 말이다. 이 모든 것이 의미하는 것은, 우리는 한계점에 서 있다는 사실이다.

• 정부의 부동산 대책을 기대하지 마라

정부의 대책으로 아파트 가격 반등을 기대하기는 한계가 있다는 것이 분명해졌다. 무대책! 이 말처럼 무책임한 말도 없을 것이다. 그런데 지금 부동산, 특히 아파트 가격을 바라보는 모든 이의 심정이 그럴 것이다. 정책 입안자들이 아무리 머리를 짜내도 더 이상 방법이 없어 보인다.

물론 시각 차이는 있다. 사람들은 저마다 처해 있는 상황에 따라서 현재의 아파트 시장을 바라보는 시각은 다르다. 8·29 대책에 따른 효과를 바라보는 시각에도 차이가 난다.

'실수요층이 움직이기 시작했다.'

'정부 대책에 따른 시장의 효과는 거의 없었다고 봐야 한다.'

이렇게 상반된 시각들이 존재한다.

총부채상환비율(DTI) 한시적 폐지와 보금자리 주택 공급 시기 조절과 입주 요건 강화 등을 주 내용으로 한 8·29 대책 발표 후 한 달간 주택시장 동향을 놓고 국토해양부와 부동산 시장의 시각차가 뚜렷하다.

국토해양부는 실수요자를 중심으로 주택 구입 수요가 일부 나타나고 있다는 기대 섞인 논평을 내놓았다. 하지만 정작 시장은 기대수준에 못 미친다는 평가다.

국토해양부는 8·29 대책 발표 이후 아파트 시장의 효과가 점점 뚜렷하게 나타나고 있다는 입장이다. 국토해양부는 '주택거래 관련 동향'이라는 자료에서 무주택자 또는 1가구 1주택 소유자들이 DTI 자율 적용을 받기 위해 주택소유 현황 조회를 요청한 건수가 755건 인 것으로 파악됐다고 밝혔다.

DTI를 적용받지 않기 위해서는 무주택 또는 1주택(처분 조건) 확인이 필요하기 때문에 금융회사가 국토해양부 주택 전산망에 조회를 의뢰해야 한다. 755건은 수도권 8월 한 달 주택 거래량인 8,091건의 약 10%에 이르는 수준으로 갈수록 증가 추세를 보이고 있다는 것이다.

생애최초 주택 구입자에 대한 주택기금 대출 신청도 9월 13일 시행이후 실질 영업일인 7일 동안 141건(약 100억 원)을 기록했다. 국토해양부는 폐지됐던 생애최초 대출의 경우 대책이 시행된 지 2~3주에 불과하고 추석 연휴를 감안할 때 실수요자 중심으로 주택구입 수요가 일부 나타나고 있는 것으로 보인다고 분석했다.

국토해양부는 "서울을 제외한 수도권에서 매입임대사업자 등에 대한 세제 지원도 9월 20일부터 본격 시행되고 있어 관련 수요도 조만간 나타날 것으로 예상되는 등 시장에서 서서히 효과를 발휘하고 있다"고 말했다.

이것은 어디까지나 국토해양부의 예상이다.

그렇다면 실제 시장의 반응은 어떤가?

먼저 구매 심리가 실제 구매로 이어지고 있는가의 함수 관계를 따져보아야 한다. 구매 심리는 시장에서 나타나는 반응이다. 하지만 구매 심리가 실제 구매로 이어지기까지는 많은 선택과 변수가 따른다. 그럼에도 불구하고 먼저 구매 심리가 살아나야 실제 구매로 이어지는 것은 틀림없는 사실이다.

8·29 대책이 부동산 매입의 첫 단계라고 할 수 있는 매입 심리를 자극하고 있을까? 대답은 '그렇지 않다'고 할 수밖에 없다. 현재 아파트를 매입하겠다는 의사를 가진 사람들에 대한 통계가 없어 정확한 판단은 시기상조라고 할 수 있다.

시장의 반응은 꿈쩍도 하지 않는다고 봐야 한다. 특히 계절적인 요인을 감안하면 시장의 반응은 아예 없다고 보는 편이 맞다. 부동산, 그중에서 특히 아파트 시장을 움직이는 것은 전세 보증금 인상과 월세의 확대다.

국토해양부의 기대와 달리 이번 대책 이후 시장이 보여준 반응은 거의 없다고 보는 편이 맞을 것이다. 일부에서는 이렇게 말한다.

"이번 대책은 부동산 시장 기대에 못 미친다. 주택 거래가 시급한 일부 실수요자를 중심으로 DTI 완화 및 대출상품 혜택을 볼 수는 있겠지만, 전반적인 시장의 기대 심리를 띄우기는 역부족이다."

그러나 이마저도 필자가 보기에는 지금 부동산 시장, 특히 아파트 시장 침체 상황을 너무 안일하게 바라보는 시각이 반영된 발상이라고 본다.

국토해양부는 8·29 대책 이후 추가 부동산 경기 활성화 대책은 절대 없다고 공언했다. 이 상태에서 단 한 번의 대책으로 시장이 살아나길 기대한 것 자체가 무리라는 지적도 나오고 있다.

일부에서는 '마지막 대책이라고 하기에는 뚜렷한 거래량 증가와 심리 변화가 없었던 게 사실'이라고 말하면서 침체된 주택 매입 심리를 자극할 수 있도록 꾸준한 관리가 필요한 때라고 말한다. 한편에서는 9월 한 달간 폭우와 추석 연휴 등이 겹쳤던 점을 감안할 때 좀 더 대책 효과를 기다려볼 필요가 있다는 의견도 있다.

이 모든 말들을 종합하면 아직도 부동산, 특히 아파트 시장이 활성화될 수 있다는 기대가 존재하고 있다는 증거다. 그러나 이 모든 발언이나 생각에는 '정부 대책에 따라서는 얼마든지 과거와 같은 아파트 거래 활황이 이루어질 수도 있다'는 기대가 담겨 있다. 중단기적으로 2011년 상반기까지 지켜보자는 입장도 마찬가지다. 필자의 판단에 따르면 이것은 소원이다. 그렇게 되었으면 하는 바람이다.

실제 아파트 시장의 현실을 판단해야 한다. 시장은 철저하게 수요와 공급의 원칙에 따라 움직이도록 되어 있다. 지금까지는 정부의 대책 등으로 시장이 위축되기도 하고 활성화되기도 했다. 하지만 기본적으로 우리나라 경제는 시장 경제를 근간으로 한다. 그리고 이미 시장의 동향을 무시하고, 시장의 움직임을 인위적으로 뒤바꿀 대책이란 존재할 수도 없고, 존재해서도 안 된다.

이것은 우리나라 모든 경제 분야에서 공통적이고 일관되게 적용되는 흐름이다. 이미 우리나라 경제는 정부 개입으로 시장의 흐름을 바꿀 수 있을 만한 수준을 넘어섰다. 정부의 개입으로 어느 물결을 한순간에 뒤바꿔 놓을 수 없다는 것이다.

수요와 공급이라는 철저한 시장 경제의 룰이 존재할 뿐이다. 현실을 보는 사람들은 이미 우리나라 경제에서 정부의 인위적인 개입으로 상황을 바꾸는 것이 불가능하다는 것을 알고 있다. 설령 정부의 인위적인 개입으로 잠시 사정이 나아진다고 하더라도 그 효과는 오래가지 못한다는 점도 알고 있다.

하지만 소원하는 사람들의 입장은 다르다. 그들은 마치 어느 날 갑자기 기적이 일어나듯이 상황이 호전되기를 바란다. 물론 그런 사람들이 바라는 것은 정부의 '깜짝 놀랄 만한 아파트 대책'일 것이다. 그러나 불행하게도 우리나라 경제는 그럴 힘도 없고, 설령 힘이 있다고 하더라도 아파트 시장에만 '올인' 할 수 있는 처지도 아니다.

소원은 이루어지지 않을 것이다. 현실은 지금도 진행되고 있다. 원하는 것이 같다고 하더라도 무엇을 바라보는가에 따라서 그 결과는 엄청난 차이를 보이게 될 것이다.

• 아직도 미련을 떨치지 못하는 사람들

계산을 해보자. 아주 간단한 계산이다. 그러나 각자 처해 있는 입장과 정도의 차이에 따라 A, B, C, D씨의 경우로 나눠 계산을 해보자. 조건은 같다. 수도권에 3억 원 정도(이 가격이라면 지금 시세대로 하면 중소형 아파트일 것이나 편의상 기준을 그렇게 책정했다)에 가격이 형성된 아파트에 살고 있는 사람들이다.

먼저 A씨의 경우다.

A씨는 열심히 주택청약부금을 넣었다. 결혼하기 이전부터 넣었던 청약부금이다. A씨는 그 당시에는 정말 운 좋게 아파트 입주권을 얻을 수 있었고, 아파트에 입주했다. 물론 중도금과 잔금은 은행 담보 대출 등 여신을 통해서 해결할 수밖에 없었다.

내 집을 가졌다는 기쁨은 잠시였다. 대출금을 갚아나가기 위해서는 허리띠를 졸라매고 스스로 '짠돌이'가 되는 수밖에 없었다. 여기에다가 아이들이 성장하면서 교육비 지출이 발생했다. 그야말로 A씨는 자린고비 이상의 생활을 강요받았다.

자동차? 중고 아니면 꿈도 꾸지 못했다. 일 년에 한 번 있는 여름휴가도 간신히 시늉만 냈다. 자식 노릇 못한다는 소리를 들은 적도 한두 번이 아니다. 그렇게 20년이 지났다.

아파트 구입에 따른 대출이 끝났다. 그 순간 A씨는 만세를 불렀다.

비록 30평이 채 안 되는 아파트지만 평생 이리저리 쫓겨 다닐 염려가 없는 내 집이 생긴 것이다.

그런 A씨에게도 요즘 아파트 가격 하락 소식은 유쾌하지 않다. 지난 몇 십 년간 고생한 흔적들이 사라지는 느낌이기 때문이다. 그러나 A씨는 한순간 마음이 아플 뿐이다. 이를테면 뱃속이 편한 것이다. 누가 뭐라고 할 사람도 없고, 또 집 없는 서러움에 울분을 토할 일도 없다.

정년퇴직을 얼마 앞두고 있는 A씨에게 아파트 한 채는 그의 인생 전부였다고 해도 틀리지 않을 것이다. 그러나 A씨는 그것으로 만족한다. 시골에서 올라올 때 몸 하나 기댈 곳이 없었던 A씨에게 이 정도의 집이라면 더할 나위 없이 만족한다. 물론 A씨도 마음이 흔들린 적이 적지 않았다.

"누구는 가지고 있는 아파트를 담보로 신도시 아파트에 투자하고 모자란 금액은 다시 은행에서 담보대출을 받고 전세를 놓았다가 큰돈을 벌었다더라. 우리도 이러지 말고 이 아파트를 담보로 아파트에 투자해 봅시다."

아내는 그렇게 A씨를 부추겼다. 심지어 자식들조차 '가난한 아버지'에 대해서 불평을 늘어놓았다. 그래도 A씨는 꿈쩍하지 않았다. A씨는 돈은 벌지 못했지만, 평생 동안 살아갈 집이 있고 연금을 받으면 그렇게 군색하지 않게 살아갈 미래가 보이기 때문이다. A씨는 말

그대로 평생 동안 일해서 집 한 채 건지고 미래를 보장받을 수 있게 되었다.

그동안 우리 사회에서는 이런 사람들을 일컬어 '우둔한 사람'이라고 했다. 더 심하게 말하면 '능력이 없는 사람'이라는 말도 서슴지 않았다.

그러나 과연 그럴까? 우보(牛步), 즉 소의 걸음처럼 뚜벅뚜벅 걸어 인생의 편안한 황혼을 기대하는 것이 그렇게 미련한 짓일까?

다음에 B씨의 경우를 보자.

B씨는 운이 좋은 편이었다. B씨는 결혼과 함께 부모로부터 결혼 비용(전세자금)으로 1억 2천만 원을 받았다. 그 돈이면 강남권은 아니더라도 서울 주변의 18평형 아파트에 전세로 들어갈 수 있었다. 당시 주공(현 LH공사) 아파트는 그보다 더 넓은 아파트에도 전세로 들어갈 수 있었다.

B씨는 자신의 상황에 대해 큰 반감이 없었다. 그러나 눈떠 보면 하루가 다르게 주변 아파트 가격이 상승했다.

B씨는 생각을 달리 먹었다. 여기에는 B씨 아내의 의견도 한몫을 차지했다.

"남들이 이런 평수에 산다면 웃어요! 마음 놓고 다른 식구들을 부를 수도 없는 처지잖아요. 그리고 아이가 어리니까 그렇지 크면 너무 좁지 않아요?"

아내의 말은 틀린 곳이 없었다. 하루가 다르게 치솟고 있는 아파트 가격! 지금이라도 서두르지 않으면 영영 내 집 마련의 기회는 없을 것만 같았다. 그 당시 B씨는 '내 집 = 아파트' 라는 생각을 가지고 있었다.

B씨는 일을 저지르기로 했다. B씨는 회사에서 주택자금 대출로 5천만 원을 받고 나머지는 은행권에서 대출을 받기로 했다.

B씨가 전세를 들 때와 달리 아파트 가격은 많이 상승해 있었다. B씨는 은행권에서 8천만 원을 더 대출받아 드디어 아파트 입성에 성공했다. 총 2억 5천만 원에 서울 강남 인근에 24평형 아파트에 입주할 수 있었다.

평당 1천만 원이 넘는 아파트였다. 평당 1천만 원을 깔고 앉아 있다니 조금 지나치다는 생각도 들었다. 하지만 B씨가 아파트를 구입할 당시 거의 모든 아파트 가격이 그랬기에 특별히 지나치다는 생각은 하지 않았다.

그리고 얼마가 지나서였다. B씨가 산 아파트 가격이 상승하기 시작했다. 새로 분양하는 아파트 평당 가격에 따라 B씨가 구입한 아파트 가격도 덩달아 상승하기 시작한 것이다.

B씨는 내심 흐뭇했다. 그때 아내의 말을 따르기를 잘했다는 생각도 들었다. 매달 갚아나가야 하는 대출금이 부담스러웠지만 아파트

가격 상승을 생각하면 그 정도는 감수할 수 있었다. B씨의 계산은 간단했다.

'비록 대출금 상환이 벅차기는 하지만 아파트 가격이 상승하기에 오히려 재산 가치는 늘어나고 있다.'

이것이 B씨의 생각이었다. 하지만 B씨의 기대대로 상황이 진전되지는 않았다. B씨의 기대가 무너지기 시작한 것은 2008년부터였다. 가파르게 상승하던 아파트 가격이 뒷걸음질을 치기 시작한 것이다.

그러나 B씨는 정말 눈곱만큼도 걱정하지 않았다. B씨 기억에 따르면 35년을 살아오는 동안 우리나라 부동산 가격, 특히 아파트 가격이 하락한 적이 없었기 때문이다. B씨가 아파트 가격 하락을 일시적인 현상으로 파악했던 이유였다.

그러나 그것이 아니었다. 매달 1% 가까이 하락한 아파트 가격을 누적 금액으로 계산하자 그동안 상승폭은 모두 사라지고 오히려 처음 구입할 당시보다도 낮아져 있었다.

그때서야 당황한 B씨는 처음 아파트를 구입할 때의 자금과 지금의 시세를 비교하며 분석하기 시작했다. 현재 B씨의 아파트 시세는 2억 2천만 원대였다. 그것도 호가일 뿐, 급매물은 그것보다 싼 가격에 매매되고 있다고 했다. 시세만 놓고 따져봐도 3천만 원의 손해를 본 것이다.

여기에 매달 꼬박꼬박 납입한 대출 금액은 의미가 없는 돈이 되어

버리고 말았다. 족히 4년을 갚았지만 아직 원금은 1/10도 갚지 못했다. 결국 B씨는 몇 년 사이에 거의 7천만 원에 이르는 손해를 본 것이다. 결혼할 당시 부모님에게 받은 결혼 자금 1억 2천만 원 중 5천만 원만 남은 것이다. 나머지는 모두 부채였다.

B씨는 요즘 얼굴에서 웃음을 잃었다. 내 집 마련을 했다고 좋아한 것이 엊그제 같은데 알고 보니 그동안 B씨는 앉아서 고스란히 돈을 까먹고 있었던 것이다. 생각하면 울화가 치밀기도 하지만 누구에게 하소연할 수도 없다. 아파트 매입을 결정한 것은 B씨 자신이었고, 이런 상황이 오리라고 상상도 하지 못했기 때문이다. B씨가 아파트를 구입할 때부터 부동산 버블 붕괴에 대한 우려가 있었지만 B씨는 그 말을 조금도 귀담아듣지 않았다.

B씨 인생에서 남은 것은 직장생활을 하면서 번 수입으로 대출금 이자와 원리금을 갚아나가는 일이다. 그렇게라도 하지 않으면 그나마 가지고 있는 아파트마저 날아갈 것이기 때문이다.

C씨는 시부모와 함께 살면서 비교적 평탄한 생활을 했다. 대형 평수는 아니지만 시부모 명의로 된 아파트가 한 채 있었고, 남편은 공무원으로 비교적 안정적인 생활을 하고 있었다. 그런 C씨에게 자극이 된 것은 남편의 정년퇴직에 대한 염려와 성장하는 아이들의 교육비 등을 계산하기 시작하면서부터였다.

남편의 월급으로는 아이들에게 사교육을 시키는 것이 애당초 불가능했다. 그렇다고 살림 규모를 줄여가면서까지 군색하게 살 필요도 느끼지 못했다. 결국 C씨가 선택한 것은 필요한 만큼 더 많은 돈을 버는 것이었다.

평범한 주부였던 C씨는 자산을 증가시킬 수 있는 방법을 몰랐다. C씨가 아는 방법이라고는 생활하고 남은 돈을 적금에 넣어 목돈으로 만드는 방법이 전부였다. 그때 C씨는 주변 친구들에게 쉽게 자산을 불릴 수 있는 방법에 대해 듣게 되었다. 바로 아파트였다.

처음에 C씨는 '어딜 감히 내가?' 그런 생각을 가지고 있었다. 그런데 시간이 지나면서 아파트 가격이 상승하고, 주변에서 아파트에 투자하면서 큰돈을 벌었다는 소문을 들으면서 C씨의 생각도 점차 달라지기 시작했다.

'나라고 못할 게 뭐 있어?'

이런 오기도 생겼다. 한편으로는 성장하는 아이들을 보면서 이렇게 손 놓고 있을 때가 아니라는 생각이 들었다. 모임이 있을 때마다 "아이들에게 아파트 한 채 정도는 남겨 주어야 한다"는 사람들의 말은 C씨의 마음을 더욱 급하게 만들었다.

C씨는 드디어 결심을 했다. 친구들의 말에 따라 적금을 해약하고 구입할 아파트를 찾아 나섰다. 아파트 가격은 C씨가 생각했던 것 이상이었다. 아무리 적은 평수라도 투자 가치가 있다고 생각되면 지금

살고 있는 집 가격 이상 나가는 경우도 있었다. 그러나 C씨는 주변의 조언대로 적금을 해약한 돈과 대출을 받고 전세를 놓은 돈으로 아파트 한 채를 더 소유하게 되었다.

그것만으로도 부자가 된 것 같았다. 그리고 나름대로 돈 버는 요령을 알게 되었다고 생각했다. 그러나 C씨의 자부심은 오래가지 않았다.

상투 잡는다는 말을 어떤 때 사용하는지 알게 되었다. 그러나 C씨가 '상투'라는 말을 알았을 때는 모든 것이 엉망이 되어 있었다. 아파트 가격은 하락하기 시작했고, 남편의 월급으로는 아파트 대출금과 생활비로 사용하고 나면 한 푼도 남지 않았다.

아이들을 위해서 아파트 시장에 뛰어든 C씨. 그러나 C씨는 아이들 사교육비마저 감당할 수 없는 지경에 이르고 말았다. 새로 구입한 아파트 전세 가격을 올려 첫 번째 위기는 넘길 수 있었지만 2년이 지난 뒤에도 상황은 나아지지 않았다.

두 번째 아파트 전세 가격을 올리겠다고 했을 때 세입자는 이사를 가겠다고 했다. 아파트 가격 대비 전세가가 지나치게 높다는 것을 세입자도 안 것이다. 여기에 담보대출까지 능력 이상으로 많다는 것을 확인한 세입자는 오히려 하루빨리 전세금을 돌려달라고 요구했다.

C씨는 고의로 아파트를 경매 처분할 의사가 없다고 밝혔지만 세입

자는 요지부동이었다. 하긴 입장을 바꿔 생각하면 C씨 역시 똑같은 행동을 취했을 것이 분명했다. 유일한 재산인 전세자금을 불안한 소유자에게 맡겨둘 바보가 어디에 있단 말인가. 결국 C씨는 원래 살던 아파트를 담보로 은행에서 돈을 빌려 전세자금을 내주어야만 했다.

돈 벌려고 뛰어든 아파트 시장에서 오히려 원래 살던 아파트까지 담보로 잡혀야 하는 악순환에 처하게 된 것이다. 물론 아이들 사교육비는 엄두도 내지 못하고 있다. 아파트 두 채 대출금 이자와 원리금을 갚고 나면 생활조차 힘든 지경에 이르고 만 것이다. 말만 아파트 두 채를 가지고 있을 뿐이지 사실은 빚쟁이가 되고 말았다.

C씨는 요즘 아파트 가격과 금리 기사만 보면 가슴이 덜컥 내려앉는다. 이 상태에서 더 악화되면 아파트 두 채 날리고 도로 세입자로 내려앉을 판이기 때문이다. 남편의 월급 이외에 다른 수입원이 없는 상태에서 현재의 아파트 시장 추세는 거의 절망적이라고 할 수밖에 없다.

D씨는 요즘 울화로 밤을 지새울 때가 많다. 이런 일이 일어나리라고는 단 한 번도, 꿈에도 생각하지 못했다. D씨는 주변에서 투자의 귀재라고 불렸다. 스스로도 그렇게 생각했다. 미다스의 손처럼 D씨가 손대는 것은 황금알을 낳는 거위처럼 변했다.

D씨가 주로 투자한 곳은 부동산이었다. 부동산 가운데 아파트가

주종목이었다. 통이 커지면서 땅에도 투자를 했지만 누가 뭐래도 D 씨는 아파트에 주력했다. 그것이 벌써 15년이 넘는다.

그동안 D씨는 한 번도 투자에 실패해 본 적이 없었다. 땅은 원래 환금성을 고려하여 장기적으로 개발이익이 기대되는 곳에 사두었기에 크게 신경 쓰지 않았다. 하지만 아파트는 달랐다. 부지런히 정보를 입수하고, 팔았다 사기를 반복해야 큰 이득을 기대할 수 있었다.

D씨의 하루는 경제 동향을 분석하는 기사를 읽고 개발 호재가 있는 곳을 찾아다니면서 적당한 아파트를 물색하고 나면 그때부터 바쁘게 돌아다녔다. 더 이상 매매 수익을 기대할 수 없는 아파트를 처분하고, 호재가 있는 아파트를 구입하기 위해 돌아다녔다.

D씨의 지난 십 수 년은 그렇게 보낸 나날들이었다. 이제는 웬만한 아파트 전문가 못지않은 식견을 갖추었다고 생각했다. 여기에 강남과 송파권에 전세를 놓은 재개발 아파트 2채, 강남권과 분당권에 전세를 놓은 아파트 2채, 지금 살고 있는 분당의 아파트까지 합치면 아파트만 5채를 거느린 '부자 중의 부자' 대접을 받으면서 살았다.

그런 D씨에게 몇 해 전부터 악운이 따라오기 시작했다. 재개발 특수를 기대하고 산 아파트부터 말썽을 피웠다. 재개발 연기만 모락모락 피어오르고 정작 재개발은 차일피일 미뤄지기만 했다. D씨는 재개발 아파트를 아파트 투자의 정수로 생각하고 동원 가능한 현찰을 모두 끌어 모으고 여기에 은행권 대출까지 받아서 구입해 두었었다.

재개발 아파트 특성상, 매매 가격은 높지만 전세 가격을 높게 잡을 수 없기에 돈을 융통할 수밖에 없었다.

그런데 재개발이 차일피일 미뤄지고 매매 호가도 떨어지면서 거의 생돈으로 은행에 대출금을 상환해야 했다. 그것도 올해부터는 힘겨워지기 시작했다. D씨가 할 수 있는 방법은 전세 보증금을 높이는 것이었다. 그러나 매매가격이 떨어진 상태에서 전세 보증금을 올리는 것도 한계가 있었다.

결국 D씨는 십 수 년을 고생(?)하여 사놓은, 대출이 설정되지 않은 아파트를 담보로 은행에서 돈을 빌려 대출금을 갚아 나가고 있다. 지금은 별 문제가 없어 보이지만 이런 추세가 계속된다면 차례로 아파트를 처분할 날이 머지않았다.

D씨는 읍참마속(泣斬馬謖)의 심정으로 그때 재개발이 예정된 아파트 2채를 떨어진 가격에라도 팔지 않은 것을 후회하고 있다. 이 추세가 계속된다면 등기부등본 권리상으로 '깨끗했던' 아파트들도 차례로 넘어갈 수밖에 없다.

D씨는 보다 강력한 아파트 대책을 내놓지 않는 정부가 원망스럽다. 한편으로는 시기를 놓친 것만 같아서 불안하기만 하다. D씨의 경험에 따르면 부동산, 특히 아파트는 팔고 사는 시기가 모든 것을 결정했다.

D씨는 최후의 비빌 언덕이라고 생각하는 땅마저 매매가 이뤄지지

않고, 아파트와 마찬가지로 점차 하락세로 접어들고 있다는 소식을 접할 때면 머리까지 어지럽다. 그동안 애써 일궈 놓았다고 생각한 모든 것들이 사라지지는 않을까, D씨는 요즘도 전전긍긍이다.

요즘 같은 시장이 계속된다면 그동안 부동산 시장, 아파트 시장에서 명성을 날린 D씨는 도미노처럼 차례대로 아파트를 싼값에 처분하는 것은 아닌지 불안하다. D씨가 울화로 밤을 지새우는 것도 그 때문이다.

• 아파트 위기를 벗어날 비상구는 있는가?

필자의 판단에 따르면 지금 우리가 어떤 방안을 마련하느냐에 따라서 우리나라 부동산 시장을 대표하던 아파트 가격 하락은 급락 정도는 피할 수 있을 것으로 보인다. 그러나 지난 기간 우리나라 경제 성장률 대비 아파트 가격 상승률을 생각하면 가치는 지속적으로 하락할 것이다.

대세라는 말이 있다. 큰 흐름은 어지간한 대책으로는 막을 수가 없다. 잠시 흐름을 막을 수 있을지도 모른다. 하지만 감당할 수 없는 물줄기라면 먼저 인정을 해야만 한다.

물줄기를 되돌리거나 흐름을 바꿀 수는 없다. 더군다나 물을 고요하고 얌전하게 만들어 마음대로 다룰 수 있는 상태로 만드는 것은 어림도 없는 이야기다.

그것은 자연의 이치이자 사람 사는 세상에서도 똑같이 적용되는 원칙이다. 잠시 흐름을 멈추게 할 수 있을 뿐, 원래의 상태로 만들거나 물줄기를 돌릴 수는 없다. 그것은 인간 능력 이상의 것이다.

그렇다면 이제 우리가 선택해야 할 것은 무엇인가. 사실은 선택할 수 있는 여지도 많지 않다. 있는 현실을 받아들이고 피해를 최소화하기 위한 노력만이 우리 앞에 던져져 있다. 그나마 때를 놓치면 거센 물줄기에 휩쓸린다. 물줄기에 휩쓸리고 나면 그 다음에는 생존만이 남아 있을 뿐이다. 미래를 생각하면서 계획적인 후퇴를 할 수도 없다.

일찍이 병법을 창시하고 전략가로 이름을 드날린 손자는 나가서 싸워 이기는 것을 최선의 미덕으로 삼았다. 당연한 일이다. 전략가가 싸움에 진다면 벌써 전략가로서의 가치가 다했다는 말이기도 하지 않은가!

그러나 정작 손자를 돋보이게 만드는 것은 다른 곳에 있다. 손자는 힘주어 강조했다.

"싸우지 않고도 승패를 훤히 알 수 있다."

이 말이 뜻하는 것이 무엇인가? 돌아가는 형세나 자신의 능력을 판단하여 피할 수 있는 싸움은 미리 피하고, 이길 수 있다는 자신이 있을 때만 싸움을 한다는 말이다. 질 싸움은 하지 않고, 이길 수 있는 싸움만 하기에 손자에게는 패배가 없었다. 그리고 싸우지 않고도 승패를 알 수 있었다.

손자는 덧붙여 말했다.

"어쩔 수 없이 싸움에 휘말릴 경우도 있다. 하지만 질 싸움이라면 슬기롭게 후퇴해야 한다. 용맹하게 전진하는 것보다 더 중요한 것이 얼마나 슬기롭게 후퇴하여 여력을 보존하는가, 그것이다."

필자가 하고 싶은 말이 바로 이것이다. 슬기로운 후퇴! 피해를 최소화하면서 하는 후퇴! 그러면 훗날을 기약할 수 있다. 설령 부동산 시장, 아파트 시장이 붕괴된다고 하더라도 다른 일을 기약할 수 있다.

그러나 애석하게도 많은 사람들이 그렇지 못하다. 미련을 떨쳐내지 못하고 조그만 더, 조금만 더 하면서 기다린다. 이미 물이 차고 넘칠 기세가 보이는데도 아직 물살이 둑을 넘지 않았다고 하여 위험을 애써 외면하는 격이다. 속으로는 불안하여 견딜 수 없는 지경이면서도 말이다.

또 다른 사람은 곧 둑을 무너뜨리고 다가올 물살을 온몸으로 버텨

보자고 하는 사람들도 있다. 용맹한 상무정신이다. 그러나 인간의 몸은 견딜 수 있을 만큼만 체력이 허용되어 있다. 마찬가지로 부동산, 아파트 시장 가격 하락 물살도 의지만으로 버텨낼 수는 없다. 그렇게 하기에는 물살이 너무 거세고 힘이 있다.

지금 이 순간만 견디자고 이를 악무는 사람들도 있다. 그러나 이 물살이 한 차례 스쳐 지나가는 것이 아니라 지형과 지세를 바꿀 정도의 엄청난 물살이라면 어떻게 버틸 것인가? 체력은 젖혀두고 사람이 도도히 흐르는 물살 속에서 얼마나 더 버틸 수 있다고 생각하는가?

하루? 이틀? 그 정도면 오래 버티는 것이다. 인내심만 가지고 버틸 수 없는 물살이라면 일찌감치 생각을 달리해야 한다.

우리 주변에는 아파트 한두 채 잃는 것은 눈 하나 깜짝하지 않고 버틸 수 있는 사람들도 있다. 그러나 아파트에 모든 것을 건 사람이라면 사정이 달라진다. 전 재산이 아파트 한 채인 사람들, 뒤늦게 아파트 시장에 뛰어든 사람들에게는 마른하늘에 날벼락을 맞는 것만 같은 심정일 것이다.

그러나 아무리 주변을 둘러봐도 구원의 손길을 내밀 사람은 없다. 아파트 시장에 올인했던 한국 사회에서, 타격의 정도만 차이가 날 뿐이지 누구나 피해를 입기에 남에게 도움의 손길을 내밀 여력이 없다.

그렇다고 이대로 앉아서 당할 수만은 없다. 손자가 이른 대로 피해를 최소화하면서 후퇴를 준비해야 한다. 앞에서도 잠깐 언급했지만, 보다 고급 정보를 가지고 있는, 아파트 시장을 활성화할 수 있는 능력을 갖춘 사람들은 이미 아파트 시장을 떠났다.

그들은 아파트 시장을 이끈 선두주자답게, 아파트 시장의 한계를 보다 일찍 안 것이다. 그들은 아파트 시장을 일거에 바꿔놓을 수 있는 획기적인 장치가 마련되지 않는 이상 아파트 시장으로 돌아오지 않을 것이다. 적어도 그들이 투자 대상으로 삼고 있는 다른 무엇보다 훨씬 큰 당근이 제시되어야만 한다는 뜻이다.

그렇다면 아직까지 아파트를 끌어안고 아등바등하는 사람들은 어떻게 할 것인가? 남은 것은 비상구다. 이제 정문을 통과하여 탈출을 하기는 늦었다. 그렇다면 비상구를 통해서라도 탈출을 시도해야 한다.

아직 기회는 얼마든지 남아 있다. 그러나 지금의 현실을 애써 눈감으려 하거나 외면하려는 사람에게는 그나마 기회도 없을 것이다. 미련을 떨치지 못하고 '조금만 더'를 생각하는 사람들 역시 그럴 것이다.

포기할 줄 모르는 사람들에게는 공통점이 있다. 지금은 그것이 옳은 방법이라고 생각할지 모르지만, 시간이 지나고 나서야 그것이 화를 더 키웠다는 것을 아는 것이다.

지금의 현실을 냉철하고 객관적으로 볼 수 있다면 기회는 있다. 그러나 시간은 많지 않다. 바로 지금 준비해야 한다. 그래야 그나마 어두운 암흑 속에서 비상구로 통하는 녹색등을 발견할 수 있을 것이다.

아직 실감하지 못하는 사람들도 있을 것이다. 실감한다고 해도, 그것은 통계수치일 뿐 자신과는 상관없는 일이라고 생각하는 사람도 있을 것이다. 아예 믿지 않으려고 하는 사람도 있을 것이다.

필자는 그런 사람들에게 왜 서둘러 탈출을 해야 하는지, 탈출을 한다면 어디로 어떻게 해야 하는지를 밝힐 것이다. 그리고 나아가서 알게 모르게 스스로 가해자나 피해자가 되는 일이 없도록 밝힐 것이다.

이제부터 왜 위기이며, 이 위기를 벗어나기 위해서 무엇을 해야 하는지를 차근차근 밝혀나갈 것이다.

A P T   S H O C K

아파트 쇼크

Part 2

아파트 시장 위기!
어떤 대책도 통하지 않는다

· 정부의 부동산 대책도 이제는 통하지 않는다 · 효과 없는 부동산 대책의 결과
· 실종된 거래는 백약을 무효로 만든다 · 양발에 채워진 족쇄 · 점점 불리해지는 전세 세입자들
· 세상은 이미 변했다 · 아파트를 팔려는 사람도 바뀌어야 한다 · 지금은 폭등이 부른 위기의 시기다
· 아파트값 폭락은 시한폭탄과도 같다 · 이미 초침은 돌아가고 있다
· 밀어내기 분양 때문에 상투 잡은 사람들 · 갈수록 악화되는 아파트 시장 상황

아파트 시장 위기!
어떤 대책도 통하지 않는다

● 정부의 부동산 대책도 이제는 통하지 않는다

아파트 시장 활성화를 바라던 사람들이 기다리던 정부의 8·29 부동산 종합대책이 발표되었다. 그리고 4개월이 지난 지금 많은 사람들은 입을 모아 말한다.

"8·29 대책이요? 언 발에 오줌 누기지 그게 무슨 대책이에요?"

총부채상환비율(DTI) 규제 완화를 주요 내용으로 한 '8·29 부동산 대책'이 발표되었지만 서울과 인천, 경기 등 수도권 일대 부동산 시장은 대책 이전과 변함이 없다. 물론 부산 등 지방 광역권 도시에서는 일정 정도 효과가 있었던 것으로 보인다. 그러나 정작 중요한 수도권의 반응은 냉담하다. 그래서 많은 사람들이 '언 발에 오줌 누기' 대책이라고 말하는 것이다.

언 발에 오줌 누기. 잠시 동안 발을 따뜻하게 할 수 있을지는 모르지만 그 오줌은 다시 얼음이 된다. 얼음의 두께만 더하는 것이다. 이번 대책이 꼭 그런 꼴이다.

실제 현장에서 느끼는 체감 경기를 보면 그 사실을 더욱 확실하게 알 수 있다. 8·29 대책 발표 이후에 부동산, 특히 주목적으로 했던 아파트 경기가 살아났는가? 정부와 언론, 부동산 관계자들은 소형 평수 아파트를 중심으로 매수세가 살아나고 있다고 하지만 정작 원하는 것은 그것이 아니지 않았던가?

절대 아니다. 대책 발표 이후에도 소형 아파트를 중심으로 급매물(급매물은 성격상 현재 시세보다 많이 하락한 상태다)에 한해서 제한적으로 거래가 이루어지고 있다. 또 한편으로는 가격 상승의 기대로 매물을 거둬들이는 현상도 보인다. 그러나 이것은 대책 발표 이전에도 있었던 일이다.

실수요자는 여전히 실종 상태다. 오죽하면 정부의 8·29 부동산 대책을 기다리던 부동산 업자들까지 "DTI 규제 완화만으로 무너진 부동산(아파트) 시장을 되살릴 수는 없다"고 말하며 등을 돌렸겠는가.

우리들은 경험을 통해서 알고 있지만, 보통 정부의 부동산 규제 완화 정책이 발표되면 가장 먼저 들썩이는 것은 실수요자가 아니다.

대규모 뭉칫돈을 가진 투기세력이 먼저 움직이고 그 다음에 실수요자가 움직인다. 억울하지만, 이것이 현실이다. 그러나 이번 대책 발표 이후에도 뭉칫돈은 움직이지 않았다. 조용하다 못해 고요하다.

이것이 뜻하는 것은 무엇일까? 정부가 발표한 대책 내용이 미흡해서인가? 아니면 보다 더 규제를 완화하는 대책이 나오기를 희망하는 것일까? 그것도 아니라면 우리나라 부동산, 특히 아파트 시장은 그 매력을 다했다는 판단 때문일까? 그 무엇이 되었든지 간에 앞으로 아파트 시장은 침체 국면을 벗어나기 힘들 것으로 보인다.

언론 보도를 통해서 알고 있겠지만, 지금 아파트 시장에 나오는 급매물은 늘어나는 금융비용을 감당하지 못하고 내놓는 아파트가 절대 다수다. 이것이 의미하는 바는 상당히 크다. 흔히 하는 말대로 '꿰차고 앉아 있으면 돈이 되는 아파트'라는 환상을 버린 사람들이 많다는 증명이다. 이것은 현실적인 판단이다. 더 이상 아파트에 미련을 두지 않겠다는 반증이기도 하다.

더욱 중요한 것은 이미 가능한 부동산 활성화 대책은 다 사용했다는 점이다. 사실 부동산 대책은 그동안 뛰는 가격을 잡기 위한 대책이었지 활성화를 위한 대책은 손에 꼽을 정도다. 그런데도 불구하고 정부의 대책에 대해 시장은 응답을 하지 않았다.

효과도 보지 못할 대책만 서둘러 내놓고, 이제 남은 대책도 없는 형편이 되고 말았다.

• 효과 없는 부동산 대책의 결과

아파트 매도자들을 중심으로 이번 8·29 대책에 거는 기대는 무척 컸다. 아마 지푸라기라도 잡는 심정이었을 것이다. 자고 나면 떨어지는 아파트 가격을 붙잡는 최후의 보루는 역시 정부였다. 지금의 아파트 시장 형성이나 가격 등에서 나타나는 문제는 정부 정책에 가장 큰 원인이 있다고 할 수 있다. 그렇기에 정부에 마지막이라는 심정으로 기대하는 것을 이해할 수 있다.

원래 가격을 형성하는 것은 시장이다. 가격은 매매하는 물건에 대한 신뢰에서 형성된다. 그러나 지금 아파트 시장은 거품이라는 말과 계층 고착화, 투기 대상 등 온갖 불명예스러운 수식어를 달고 있다. 이 상황에서 시장 자율 메커니즘에 맡겨 놓으면 가격 하락은 불을 보듯이 뻔하다.

그렇기에 정부의 대책이 마치 '구원 투수'와 같은 역할을 해주기를 기대했을지도 모른다. 그러나 정부 입장에서 보면 아파트 시장은 많은 경제 부분 중의 하나다. 더군다나 비대해질 대로 비대해진 아파트 시장은 정부마저 쉽사리 개입할 수 있는 여지가 없다.

한국 경제는 정부가 아파트 시장에 올인을 할 수 있을 정도의 규모가 아니다. 그래서인지 정부 대책을 기대하던 사람들은 푸념을 늘어놓는다.

"집값 급락은 막았는지 모르지만, 거래도 끊기고 도리어 전셋값만 올려놨어요."

"대책 발표 후 한때 급매물을 중심으로 거래가 잠깐 일어나다가 지금은 그마저도 실종 상태입니다."

일선 중개업소에서 하는 말들이다. 이 말들이 엄살은 아닐 것이라고 본다. 실제 중개업소 앞을 지나가보라. 급매물은 수없이 나와 있지만, 급매물 전단지는 일주일이 지나고 한 달이 지나도록 계속 같은 자리에 붙어 있는 것을 어렵지 않게 발견할 수 있다.

이것이 지금 우리 아파트 시장의 현주소다. 8·29 대책 발표 이후 잠시 희망을 가져보기도 했지만 불과 얼마 지나지 않아서 표정은 다시 어두워졌다. 반짝 변죽만 울리다가 소리 소문도 없이 사라진 꼴이다.

사실은 정부 대책으로 반전을 기대했던 것부터 잘못이다. 매수를 희망하는 사람이 없는데, 매도를 하겠다는 사람들만 북 치고 장구 친 격이다. 한때의 바람이 지나간 뒤에 더 썰렁한 매매 시장, 분양 시장만 확인한 셈이다.

정부 발표는 물론 정부 발표를 요구했던 건설사, 단체들은 거래 활성화를 통한 집값 안정을 외쳤다. 그 여론에 못 이겨 정부로서는 쓸 수 있는 거의 모든 카드를 내놓았다. 하지만 원하는 일은 일어나지 않았다.

사실 그 일은 애당초 일어날 수 없는 일이었다. 기대해서도 안 되는 일이었다. 수요자들이 아파트 시장에 가지고 있는 불신을 생각한다면 기적을 기대한 것이라고 할 수 있다.

이제는 어떤 대책이 나오더라도 흐름을 돌릴 수는 없다. 거래 활성화를 목적으로 하는 정부 대책은 일단 급매물 위주로 거래를 성사시키는 데는 성공할 수도 있다. 하지만 정부가 대책을 내놓을수록 매수자와 매도자 간 양극화를 초래하는 부작용만 낳는다.

대책도 마땅치 않다. 지금까지 지나치게 불붙은 아파트 가격을 억제하는 정책은 많이 보아 왔지만 활성화 대책을 요구하는 것은 너무나도 생소하다. 문제는 활성화 대책을 마련하려고 해도 뾰족한 수가 없다는 점이다.

● 실종된 거래는 백약을 무효로 만든다

매도자에게 가장 두려운 것은 아파트 거래 실종이 장기간 계속되리라는 관측이다. 특히 중대형 아파트, 신규 분양 아파트, 재건축 개발 아파트 등의 거래 실종은 매도자에게는 치명적인 상황이다. 간혹 찾아드는 실수요자에게 목을 매야 하는 형편이 되어버리고 만 것이다.

8·29대책 이후 아파트 거래 추이를 보면, 대책 발표 이후 잠깐 거래량이 늘어났다가 다시 거래가 실종된 모습을 볼 수 있다. 11월 이후 거래량의 소폭 증가는 계절적인 요인과 전셋값 상승으로 인한 반발 매수 정도로 보아야 정당할 것이다.

인천경제자유구역에 위치한 영종지구는 수도권에서 가장 유망한 투자지구로 꼽혔다. 그러나 그곳 역시 상황은 크게 달라지지 않았다. '정중동' 상태가 지속되고 있는 것이다. 투자 이익을 위해 사둔 사람들은 서둘러 매물을 내놓지만 실수요자는 자취를 감추었다. 그 많던 아파트, 아파트를 외치던 사람들이 정말 어느 날 갑자기 사라진 것이다.

이런 상황에서 대출금을 안고 아파트를 사겠다는 사람을 기대하는 것 자체가 허상이다. 사실 실수요를 위해 아파트를 사려고 계획했던 사람들마저 '정중동' 하면서 관망세로 돌아선 것이 요즘 형편이다.

불행은 여기에서 그치지 않는다. 실제 거래가 이루어지지 않기에 매도하는 사람의 호가만 있고 실제 가격이 어느 정도 형성되어 있는지는 전문가들도 모르는 실정이다.

언론 지상에서 발표하는 것처럼 하락폭이 매월 0.05% 정도라면 그나마 안심을 하겠는데, 실제 거래가 이루어지지 않기에 어느 선에서 가격이 형성되어 있는지 알 수가 없다. 마치 장님이 문고리 잡는 심정이라고 하면 딱 맞는 상황이다.

언론을 통해 느끼는 것보다 실제 상황은 더욱 심각하다. 그런데 정작 팔아야만 하는 입장에 선 사람들은 태평이다. 부동산 불패 신화, 아파트 불패 신화를 믿는 탓이다.

그러나 세상은 변한다. 세상만 변하는 것이 아니라 사람들의 인식도 변한다. 아파트 한 채를 가지기 위해 인생 모두를 바칠 사람은 이제 더 이상 없다. 이것이 젊은 사람들, 즉 실수요자들의 생각이다.

영종지구와 함께 장차 수도권 아파트 시장을 이끌 것으로 기대하던 청라지구도 사정은 마찬가지다. 입주가 시작되었지만 매매는 거의 불통이다. 청라지구의 경우, 분양가보다 더 가격을 낮춰서 내놓은 급매물이나 이른바 '마이너스 피'라는 물건만 몇 건 거래가 이루어졌을 뿐이다.

이런 현상이 벌어지는 이유는 자명하다. 무리하여 아파트를 분양받은 사람들은 손해를 최소화하기 위해 노력한다.

실수요자들은 현재의 아파트 시장을 감안하여 가격이 더욱 떨어진 시점에 매수를 결정할 것이다. 그래도 매매가 이루어지면 다행이다. 실수요자가 절대적으로 줄어들었기 때문이다.

아파트 가격이 더욱 떨어지기를 기다리는 사람들도 있다. 대부분 예전의 '아파트 경기 황금기'가 다시 올 것이라고 믿는 사람들이다.

최저점에 사서 많은 수익을 올리고 되팔 생각들을 하는 것이다.

　동상이몽(同床異夢)이다. 왜 동상이몽인가는 조금 뒤에 다시 설명할 것이다.

　송도국제도시도 아파트 시장은 움직일 기색이 없다. 간혹 소형 평형 아파트에서 살던 사람들은 치솟는 전세 보증금을 감당하느니 차라리 이 기회에 대출을 받아서라도 아파트를 사겠다고 나서는 사람들도 있다. 하지만 이 경우에도 주로 소형 평수이면서 급매물로 나온 아파트를 중심으로 이루어지는 거래다. 정부의 8·29 대책인 DTI 규제 완화와는 아무 상관없는 움직임이라고 할 수 있다.

　매도자는 물론이고 매수자 역시 버티기에 들어간 형태다. 매도자는 매입한 가격을 생각하여 더 이상은 손해 보고 팔지 않겠다는 생각이 강하다. 반면 매수자는 아파트 가격이 더 떨어지기를 기다리고 있는 실정이다. 급매물이 자취를 감춘 것은 이 같은 생각이 반영된 결과다.

　팔려고 하는 사람과 사려는 사람이 서로 버티면 나중에 결국 누구 손이 올라갈까? 답은 뻔하다. 급한 것은 파는 사람이지 사려는 사람이 아니다. 더군다나 지금처럼 매매 가격 하락 추세가 계속된다면 절대적으로 사려고 기다리는 사람이 유리하다. 설령 소폭 상승한다고 해도 사려고 기다리는 사람에게 절대적으로 유리하다.

장기적으로 아파트 시장 전망이 긍정적이라면 수요자는 대출을 받고 여기저기서 돈을 융통해 아파트를 사려 할 것이다. 그러나 지금처럼 시장 전망이 불투명하면 그것은 모험이나 마찬가지다. 모험을 즐기는 것은 모험가의 몫이다. 특히 집에 대한 집착이 강하고 보수적인 투자 성향을 가진 우리나라 사람들이 모험적인 투자를 할 것이라고 기대하는 것 자체가 무리다.

● 양발에 채워진 족쇄

수도권에서 가장 각광 받는 주거지인 분당 역시 아파트 거래가 끊긴 지 오래되었다. 필자가 알고 있는 공인중개사가 이런 말을 했다.

"이렇게 거래가 없을 거라면 애당초 공인중개사 제도는 왜 만들었는지 몰라. 내 주변에 보면 문 닫은 중개사들이 한둘이 아니고 중개사 회사에 입사했던 사람들도 모두 거리에 나앉았어. 주변에 온통 중개사 업소들이지만 하는 일 없이 월세만 내면서 형식적으로 문 열어 놓는 집이 대부분이라니까."

이것이 현재 대한민국 아파트 시장의 현주소다. 거래는 실종되고 팔려는 사람들과 매매를 알선하겠다는 사람들만 넘쳐난다. 대공황에도 징조가 있듯이, 대폭락의 징조라고 하지 않을 수 없다. 그런 업소에도 바쁜 것은 있다. 전화기다. 매도자나 매수자를 가장하여 시세를 탐문하는 전화들이다.

중개사들은 목소리만 들어도 실수요자인지를 알 수 있다고 한다. 하도 그런 전화를 많이 받아서 이제는 첫 말만 들어도 상대가 원하는 것이 무엇인지 알겠다면서 씁쓸하게 웃는다. 그는 이어서 말했다.

"언론이나 정부에서 발표하는 몇 프로 하락이라는 말은 절대 믿을 것이 못 돼. 그것은 전국 평균을 조사하여 발표하는 통계이고 실제 상황은 더 심각하거든."

그의 말에 따르면 정부의 통계는 그냥 평균치일 뿐이다. 그렇지 않다면 2009년 여름에 6억 5천만 원을 호가하던 아파트가 현재 시세는 5억 원에 형성되어 있는 것을 설명할 수 없다는 것이다.

통계의 허수다. 그나마 시세보다 훨씬 싼 급매물만 거래될 뿐, 정상적인 거래는 기대하기 힘든 실정이다. 통계 수치를 들어가면서 경제가 호전되고 있다고 말하는 정부와는 달리 실물 경제는 점차 더 가라앉고 있다는 서민들의 말과 조금도 다를 것이 없다.

수도권 지방자치단체에서 발표한 결과에 따르면, 8·29 대책 발표 이전이나 이후나 아파트 매매는 별다른 변동이 없는 것으로 나타나고 있다.

여기서 우리는 심각한 의문을 가져야 한다. 정부의 활성화 대책이

미흡한 것인가? 아니면 시장 원리에 따라 아파트 시장은 투자 가치를 상실한 것일까?

국토해양부는 8·29 대책이 하락하는 집값을 저지하는 데 나름대로 효과가 있었다고 밝혔다. 그런데 무슨 효과가 있었다는 것인가? 그렇게 말하기 위해서는 근거가 있어야 한다. 그런데 근거가 없다. 고작 근거라고 내놓는 것이 초라하기 그지없다. 하물며 정부에 대책을 마련할 것을 강력하게 주문하던 건설업체들마저 고개를 돌린 그 대책에 무슨 효과가 있었단 말인가?

8·29 대책의 핵심은 집(보다 정확하게 말하면 아파트)을 많은 사람이 살 수 있도록 대출 규제를 완화하겠다는 것이 핵심이었다. 보다 많은 사람이 집을 살 수 있으면 동시에 서민 주거 안정(?)도 이룰 수 있다는 것이 정책의 핵심이었다.

잠시 돌아가서, 이미 아파트는 서민들이 살 수 없을 만큼 가격이 상승한 상태다. 서민들에게 자신의 명의로 된 아파트를 가진다는 것은 꿈이다. 서민들은 알고 있다. 자기 이름으로 된 아파트를 갖는다는 것이 얼마나 어려운 일인지를 말이다.

'아파트 = 중산층'이라는 공식이 정석으로 굳어진 지금, 아파트 가격으로 서민의 주택난을 해소하겠다는 것이 얼마나 허무맹랑한 일인지 누구나 알고 있다.

서민을 위한 주거 안정은 아파트가 아닌 다른 방식으로 접근해야 한다. 접근이라는 말을 했지만, 서민이라면 누구나 쉽게 다가갈 수 있는 방법이 마련되어야 한다. 지금의 아파트 시세와 정책을 감안하면 서민을 들먹이는 것은 그들을 또다시 절망에 빠트리는 것이다.

문제는 높은 가격이다. 소득 대비 아파트 가격을 비교해 보면 비정상적인 가격이라고 하지 않을 수 없다. 우리나라의 경우, 평균 임금을 받는 성인이 정상적인 경제활동을 통해서 아파트를 마련하기까지는 무려 20년이 걸린다고 한다. 그렇게 해서라도 내 집이 마련된다면 얼마나 좋을까?

나중에 말하겠지만 문제는 담보대출을 다 갚은 뒤, 20년 후에 다시 발생한다.

상식 이상으로 상승한 아파트 가격. 무리를 해서라도 구입을 하고 난 뒤에 예상되는 시세 차익도 보장받을 수 없는 상태. 이 두 가지 조건만 놓고 보더라도 답은 명확하다. 그와 같은 조건을 감수하면서 아파트를 통해 내 집 마련에 나설 바보는 없다.

• 점점 불리해지는 전세 세입자들

아파트 가격 하락과 전세 세입자와는 아무 상관없다고 생각하는 사람들도 태평이다. 그러나 아파트라는 하나의 고리에 묶여 있기에 가격 하락의 피해를 벗어날 수 없다.

생각해 보면 알 수 있다. 매매가가 1억 5천만 원인 아파트에 전세 보증금이 9천만 원이라고 하자. 그러면 전세 가격은 매매가의 60% 이상을 상회한다.

전세를 살아본 사람들은 알 것이다. 전세 보증금은 그 사람(가족) 재산의 전부다. 그 돈을 집주인에게 맡겨두고 있는 것이다. 그런데 그 아파트 가격이 하락한다고 생각해 보자. 그러면 집주인도 손해를 보지만 세입자도 불안해진다. 어쩌면 소유자보다 더 큰 손해를 볼 수도 있다. 소유자에게 1천만 원은 적은 손해를 감수하는 것이지만, 세입자에게 1천만 원은 돌이킬 수 없는 손실이다. 서민들이 돈 1천만 원을 만드는 것이 어디 쉬운 일이던가.

매매가 대비 60%이던 전세 보증금이 점차 높아져 70% 이상이 되면 세입자는 불안해진다. 여기에 더하여 집주인이 살고 있는 집을 담보로 대출을 받았던가 아니면 추가 여신을 받을 계획이라고 하면 세입자는 불안감에 견딜 수 없는 지경에 이른다. 그럴 경우 전세 세입자는 생각을 달리한다. 아예 이번 기회에 대출을 받아 아파트를 사버릴까 심각하게 고민하게 된다.

그러나 여기에서도 문제에 부딪친다. 아파트 매매 가격 하락, 즉 가치의 하락으로 인해 원하는 것만큼 담보대출을 받을 수 없게 된다. 전세 가격 상승은 아파트 가격 하락으로 이어지고, 담보 가치도 하락한다. 이번 기회에 차라리 아파트를 사겠다고 생각한 것이 얼마나 순진한 생각이었는지 은행 창구에서 상담을 하는 순간 느끼게 될 것이다.

반대로 부동산 소유주는 어떻게 해서든지 손해를 보지 않으려고 한다. 부동산 소유주는 은행 등에서 여신을 받는 것도 빚의 일종이라는 것을 잘 알고 있다. 그런 사람들이 가장 손쉽게 손해를 보지 않으면서 지금의 부동산(아파트)을 보존할 수 있는 방법이 있다. 바로 전세 보증금을 올리는 것이다.

이 상태에서 전세 세입자가 아파트를 구입할 수 있을까? 아마도 살림을 줄여 더 좁은 아파트로 옮겨 앉기가 십상이다. 지금이 기회라고 열변을 토하는 부동산 업자도 있을 것이다. 하지만 세입자가 가진 전 재산과 들어가는 생활비 등을 생각하면 그런 권유를 할 수도 없고, 해서도 안 될 것이다.

특히 요즘처럼 부동산 시장이 안개 속을 걸을 때에는 더욱 그렇다.

5, 6천만 원 대출을 받았을 경우에 부담해야 하는 금융비용을 생각하면, 아파트 구입과 함께 그 가족에게는 참으로 끔찍한 일상이 기다리고 있을 것이다.

거래 실종과 언제 담보대출 상환을 중지할지 모르는 상태. 마치 폭탄을 안고 있는 듯한 느낌이다.

왜 상상도 하지 못했던 이런 일이 벌어진 것일까? 지금부터 그 원인을 캐내어 보자.

● 세상은 이미 변했다

세상이 변하고 있다. 아니, 이미 세상은 변했다. 이 사실을 인정하는 사람은 새로운 세상을 받아들이겠지만 이 사실을 인정하지 못하는 사람은 새롭게 전개되는 세상을 인정하지 못하거나 적개심을 품을 것이다.

적개심을 품은 사람은 새로운 세상을 선도하지 못하고 늘 세상을 뒤쫓아 가면서 싸움거리만 찾게 될 것이다. 그런 사람에게 세상은 너그럽지 않다. 항상 뒤따라가면서 숨을 헐떡이지만 손에 넣는 것은 보잘것없는 참가 메달만 주어질 것이다.

얼마 전까지만 해도 사람들의 소망은 한결 같았다. 지상에 '내 집 한 채' 그것이 소원이었다. 돈벌이에 나서는 직장인은 물론이고 집에서 살림을 책임진 주부, 아이들까지도 소원은 '내 집'이었다. '내 집 장만'을 위해서는 그 어떤 희생도 불사하겠다는 각오가 다져져 있었다. 사실 그것은 각오 정도를 넘어서 전쟁터에 나서면서 '불퇴전'의 의지를 다지는 병사들의 결의를 닮아 있었다.

그러나 이제는 세상이 많이 달라졌다. 굳이 내 집이 없어도 살아가는 데 아무 지장이 없다는 것을 알게 된 것이다. 건설업자들은 경천동지(驚天動地)할 일이지만 이것은 우리 주변에 실재하는 사실이다.

문제의 심각성은 굳이 내 집이 필요 없다고 생각하는 사람일수록 나이가 젊다는 것이다. 이것이 의미하는 바는 무척 크다.

젊은 세대는 말 그대로 결혼 등으로 아파트 시장에서 수요를 창출하는 집단이다. 그런데 그 집단이 주택 마련에 회의적인 시각을 품고 있다. 이것은 앞으로도 부동산 시장, 아파트 시장이 지금 상황에서 크게 나아지지 않으리라는 것을 짐작하게 만든다.

한 인터넷 언론 기관에서 조사한 결과는 요즘 젊은 세대들의 '집에 대한 인식'이 어떻게 변해 있는지 여실하게 보여준다. 그 설문 조사는 주로 젊은 세대들을 중심으로 이루어졌다.

그 설문 조사에서 젊은이들은 이렇게 대답했다.

"살 집이 필요하다는 것은 인정하지만 그렇다고 해서 빚을 내어 집을 살 생각은 없다."

부모 세대처럼 '지상에 내 집 한 채'를 마련하기 위해 자신의 인생을 바칠 생각이 없다는 것을 분명히 밝힌 것이다. 부모로부터 물려받은 집이 아니라면, 집 장만을 위해서 젊은 시절을 보내고 싶지 않다는 뜻이다.

그 젊은 세대들이 보아 온 부모 세대는 집 한 채를 가지기 위해 여가나 휴가는 꿈도 꾸지 못하고 먹을 것, 입을 것까지 아껴가며 노력한 세대들이다. 그 모습을 보아 왔기에 젊은 세대들은 집을 포기하는 대신 자신이 살아가면서 누릴 수 있는 것을 충분히 누리겠다는 생각이다.

그 생각은 의외로 확고하다. 아마 무상 주택이나 아주 저렴한 가격에 주택이 공급되지 않는 이상 변하지 않을 것이다. 그들에게 무주택자라는 말은 심각하게 고려할 사안이 아니다.

문제는 그것으로 그치지 않는다. 40대, 50대 이후는 이미 내 집을 장만했거나 아니면 앞으로도 내 집을 갖고 싶어도 경제적인 능력이 뒷받침되지 않아서 내 집 장만을 할 수 없는 세대들이다. 40대, 50대 이상 세대는 내 집에 대한 집착이 강하다. 그러나 그들에게는 새로운 수요를 창출할 만한 능력이 없다.

아파트 시장의 신규 수요 창출은 젊은 세대들에게 기대해야 한다. 그런데 젊은 세대들의 집에 대한 인식이 바뀌었다. 그들은 무리를 해서라도 아파트를 장만하여 평생 동안 주택담보대출금의 포로가 되기를 과감히 포기한 세대들이다. 그들의 인식이 변하지 않는 이상 아파트 시장의 새로운 수요 창출은 거의 불가능해 보인다.

젊은이들과 이루어진 한 토론을 빌려 짐작해 보자.

"가격이 어느 정도가 되면 내 집 마련을 '고려' 할 수 있겠는가?"

이 질문에 대한 대답은 아파트 시장의 부활을 꿈꾸는 사람들에게는 더욱 절망적이다. 지금의 매매 가격에서 50% 정도는 더 낮아져야 주택 구입을 고려해 보겠다고 대답했다.

현재 시세의 50% 정도가 되면 다소 담보대출금을 안더라도 매입할 의사가 있다는 것을 밝혔다. 그것도 고려를 하겠다는 것이지 확실히 매입을 결정하겠다는 것은 아니다.

그리고 실수요층이 될 수 있는 젊은 세대들은 말했다.

"지금의 높은 집값을 생각하면 차라리 전세를 살겠다. 그리고 오를 대로 오른 선분양 아파트는 생각도 하지 않고 있고, 아무리 좋은 조건이라도 그런 아파트에 들어갈 생각은 없다."

– 출처 〈오마이뉴스〉 '트위터 토론회' 중에서

아파트 가격 상승을 기대하는 매도자는 물론 미분양 아파트 적체 해소를 간절하게 원하는 건설사에게는 한마디로 충격적인 결과다. 현재의 실수요층이자, 앞으로 아파트 시장을 활성화시켜 나가야 할 세대가 이런 인식을 갖고 있다면 매도나 분양을 기대하는 측에서는 아파트 시장 활성화를 처음부터 다시 생각해 봐야 하는 문제가 발생하기 때문이다.

우리들이 알아야 할 것이 있다. 이미 아파트 시장은 착륙하고 있으며, 정부의 인위적인 부양책만으로는 한계가 있을 수밖에 없다는 사실이다. 정부 부양책만으로는 지금의 아파트 가격 하락을 막을 수 없다.

왜 그런가? 이미 세상이 달라졌기 때문이다. 사람들이 한 번 가진 인식은 좀처럼 변하지 않는다. 대책 몇 가지를 내놓는다고 해서 해결될 성질의 것이 아니다.

아파트 가격에 대한 불신은 어제오늘 형성된 것이 아니다. 가격과 미래 전망에 대한 불신이 사라지지 않는 이상 아파트 가격 하락은 장기간 계속될 것이다.

• 아파트를 팔려는 사람도 바뀌어야 한다

자기 물건을 싸게 처분하려는 사람은 이 세상에 없다. 아파트 매도자는 시대가 달라졌다는 것을 인정하지 않고 현재 가격을 고수할 것이다. 하지만 매수자는 꿈쩍도 하지 않는다. 우선 치솟을 대로 치솟은 아파트를 구입할 여력이 없는데다가 앞서 말한 대로 미래 전망이나 가격에 대해 불신을 거두지 않기 때문이다.

앞으로도 주택 수요자들은 철저히 가격이 낮은 급매물 위주의 주택에 대해서만 매수에 나설 것이다. 이 경우 실수요자들이 대부분이다. 반면 시장 호전을 바라는 매도자들은 정부의 대책을 기다리면서 버티기에 들어갈 것이다.

분양 시장과 재개발 아파트도 사정은 똑같이 전개될 것이 분명하다. 재건축 시장에서는 급매물은 여력이 있는 수요자를 중심으로, 투자 가치를 생각하면서 구입을 할 것이다. 그러나 그 이상 진전은 기대하기 힘들다. 매수자가 실종된 상태에서 시장은 형성될 수 없기 때문이다. 단 몇 사람의 매수자를 만들기 위해서 매번 대책을 내놓을 수도 없지 않은가.

급매물이 소진되면 매수자는 자취를 감춘다. 매도자 역시 과거의 영화를 기대하면서 가격 고수에 나선다. 지금 상황이 계속된다면 추가 매수는 영원한 바람이 될 것이다.

이제는 모두가 달라져야 한다. 특히 매도자의 인식이 변해야 한다.

자기 재산이 아깝지 않은 사람은 이 세상에 단 한 사람도 없을 것이다. 지역에 따라 편차가 있지만, 그 아파트를 매입하기 위해 들어간 돈을 생각해 보라. 그리고 그 아파트를 온전히 자신의 재산으로 만들기 위해 얼마나 많은 인고의 세월을 보냈을 것인가!

사실 아파트를 투자 수단으로 삼았던 사람들에게는 지금의 가격 하락이 큰 상처를 주지 않는다. 이미 충분히 투자 수익을 거두었고, 그들의 관심은 다른 곳에 쏠려 있을 테니까. 그러나 아파트 한 채가 재산의 전부인 사람에게 지금의 아파트 시장은 너무 가혹한 측면도 있을 것이다.

그러나 생각을 달리해야 한다. 아파트 매입을 결정한 것도 자신이며, 거기에 따른 책임도 자신이 져야 한다. 누구를 탓할 필요도 없다. 이것이 자본주의의 생리다. 뒤늦게 후회하는 사람들은 이 점을 생각해야 한다.

"내가 만약 10년 전으로 돌아가서 아파트를 사려고 한다면?"

그때도 자신 있게 아파트 매입을 결정할 것인가? 매입 가격의 절반 가까이 담보대출을 받으면서 매입할 수 있을 것인가?

그래도 그때는 사정이 나았다. 그 당시만 해도 사두면 재산이 증가한다는 믿음이 있었다. 그러나 지금 실수요자들 입장에서 생각해 보면 아파트는 매력을 잃어버렸다. 다른 주택에 비해 턱없이 높은 가격과 담보대출 상환 부담을 생각하면 누구나 회의를 품게 되어 있다. 여기에다가 당신을 움직이게 만들었던 힘, 즉 '한 십 년 고생해서 대출금 갚고 나면 내 재산이 얼마나 불어나 있을까?' 하는 희망도 가질 수 없다. 이 상태에서 누가 아파트 매입을 하겠다고 나서겠는가!

시대가 달라진 것이다. 대중문화를 보라. 십 년 전과 비교하면 엄청나게 달라졌다는 것을 느낄 것이다. 그 문화를 향유하고 자란 세대가 이제 아파트 실수요 계층이 되었다. 이 세대는 기존의 관념과 맹목적인 가치 추구에서 자유롭다. 따져 보아서 실리적인 가치를 추구한다.

새로운 세대의 등장은 시대가 달라졌다는 것을 의미한다. 앞으로 우리나라 주택 시장, 아파트 시장에서도 서구적인 생활 패턴과 소비가 일어날 것이라고 예상하게 만드는 대목이다.

다시 한 번 말하지만 실수요 계층이 변했고, 세상이 변했다. 과거와 같은 아파트 맹신은 이제 일어나지 않을 것이다. 지금도 그것을 진리라고 믿으면서 신주단지 모시듯이 하고 있다면, 점점 더 어려운 지경에 봉착할지도 모른다.

내 재산(아파트)만 아깝다고 하지 말고 변한 세상을 봐야 한다. 그것이 실기(失期)하지 않는 방법이다.

• 지금은 폭등이 부른 위기의 시기다

부동산 가격도 하락하는가?

지금 벌어지는 상황을 보면서 이렇게 되물을 사람들도 많을 것이다. 특히 나이 든 사람일수록 지금의 부동산 시장 상황을 받아들이기 힘들 것이다.

50대를 넘긴 사람들에게 땅은 변치 않을 가치였다. 세상이 두 쪽나는 한이 있어도 땅만은 영원히 그 가치를 보존할 것이라는 믿음을 가지고 있었다. 그래서 우리 윗세대는 말할 것도 없고, 그 윗세대들도 한 뼘이라도 더 넓은 땅을 소유하기 위해 거의 '목숨 바친 인생'을 살았다고 해도 지나치지 않을 것이다.

요즘 들어서는 그 믿음이 아파트로 변한 것이 달라진 점이다. 그러나 아파트 역시 부동산의 하나라고 본다면, 땅에 대한 믿음은 조금도 변하지 않았다. 땅만 있으면 산다는 말이 괜히 나온 말이겠는가.

그런데 천지가 뒤바뀔 일들이 일어나고 있다. 그토록 믿었던 땅의 가치가 점차 하락하고 있는 것이다. 옛 사람들 기준에서 보자면 있을 수 없는 일이고, 일어나서도 안 되는 일이다. 그런데 지금 그 일들이 버젓이 일어나고 있다. 더 기가 막힌 것은 땅(주로 아파트이겠지만)을 가진 사람이 그 땅을 원수처럼 여긴다는 사실이다.

옛사람들이 보기에는 그저 어안이 벙벙할 것이다. 그러나 그 흐름은 이제 누구도 부인할 수 없는 사실이 되어 우리 주변에 다가와 있다.

적어도 이 땅에서는 대반전이라고 하지 않을 수 없다. 부동산 가격이 하락하고, 그 하락 추세는 점차 가속도가 붙는 양상이다. 자연히 연일 시끄럽고 사회 문제가 되지 않을 수 없다. 이러다가 나라는 물론이고 가계까지 무너지는 것은 아닌지 두렵기만 하다.

그러나 부동산, 아파트도 하나의 상품이다. 자본주의 시장에서 다른 재화에 비해 가치가 떨어지면 자연히 가격은 하락하게 되어 있다. 더군다나 우리나라 부동산은 필요 이상으로 올라 있는 상태다. 버블 상태를 지난 것이 한참이고, 높은 부동산 가격 때문에 정상적인 시장 질서까지 무너지는 일이 허다했다.

실제로 전체 투자 금액에서 부동산이 차지하는 비중은 세계 초일류 수준이다. 기업가들이 우리나라 땅에 투자를 기피하는 가장 큰 이유가 높은 임금 때문이라고 생각하는 것은 순전히 오해다. 속내막을 알고 보면 높은 부동산 가격 때문에 정상적인 투자를 할 수 없다.

우리나라 부동산 가격은 이처럼 기형적이고 상식을 넘어선 가격을 형성하고 있다. 우리나라 부동산 시장이 얼마나 왜곡되어 있는지는 제3장에서 미국과 일본의 부동산 상황을 예로 들면서 더 자세하게 설명하기로 한다.

현재 우리나라 부동산 시장에서 가장 큰 비중을 차지하는 것이 바로 아파트다. 이 땅의 부동산 가격이 기형적이게 된 것도 아파트 가격이 선도했다. 지금 부동산 시장의 붕괴를 우려하게 만드는 가장 큰 원인도 아파트다. 아파트는 부동산 시장을 견인하는 역할을 했으며 이제는 부동산 시장 붕괴의 단서가 될 수도 있다.

부동산 시장에서 아파트와 같은 존재는 없었다. 단기간에 몇 백 배에 이르는 지가 상승을 주도한 것도 아파트였고 이제는 많은 국민들을 시름에 잠기게 만드는 것도 아파트다.

그동안 아파트 가격은 비 온 뒤에 잡풀 자라듯이 하루가 다르게 상승했다. 처음에는 단순히 주거 환경을 개선하고 좁은 땅에 많은 인구를 수용하기 위해 지어진 것이 아파트였다. 그러나 시간이 지날수록 아파트의 성격은 변했다.

아파트는 그 어느 재화도 따라올 수 없을 만큼 짧은 기간에 큰 이득을 안겨 주었다. 투기를 목적으로 한 사람만이 아니다. 단순하게 주거를 목적으로 아파트에 입주한 사람들도 하루가 다르게 치솟는 아파트 가격에 얼마나 흐뭇해했던가. 아마 밤마다 내일이면 얼마나 올라 있을까, 그 생각을 하면서 행복해 했을 것이다.

그런데 그 아파트가 배신을 했다. 아파트 가격의 배신을 바라보면서 사람들은 아우성을 친다. 아파트 주민들끼리 합심하여 가격 사수에 나서는 한편 정부와 관계 당국, 정치권에 대해서는 아파트 활성화 대책을 내놓으라고 고함친다.

그러나 아파트만 우리 사회에서 뚝 떨어져 존재하는 것이 아니다. 아파트 역시 시장 경제 질서를 벗어나지 못한다. 가치가 떨어져서 가격이 떨어지는 것을 무슨 수로 막을 수 있단 말인가.

사실 엄밀하게 말하면 대책을 내놓으라고 하는 것 자체가 난센스다. 뛰는 가격을 수요와 공급 조절, 세금 부과 등을 통해서 잡을 수는 있다. 하지만 떨어지는 가격을 잡을 수 있는 방법은 거의 없다. 지금까지 우리 경제에서 떨어지는 가격을 정부가 개입하여 정상적으로 되돌린 경우는 거의 없다. 겨우 예를 든다면 쌀값 안정을 위해 정부가 추곡수매를 하여 저장해 두었다가 사회복지 차원에서 낮은 가격에 방출한 정도다.

대책을 마련하라는 사람들에게 묻고 싶은 것이 있다. 추곡수매처럼 정부가 나서서 남아도는 아파트를 매입이라도 하라는 말인가? 한두 푼도 아닌 아파트를 국민의 세금으로?

그것이 아니라면 확실한 방법은 없다. 무대책을 강조하는 것이 아니라 시장 흐름에 맡겨두는 수밖에 없다는 뜻이다. 개인의 재산이 늘어나고 줄어드는 일에 정부가 개입한다면 시장 경제를 포기하겠다는 것이나 다름없다. 그리고 엄밀하게 말하면, 아파트 소유자들은 천정부지로 뛰는 아파트 가격으로 재산 증식의 혜택도 누리지 않았는가.

• 아파트값 폭락은 시한폭탄과도 같다

현재의 아파트 가격 하락, 즉 가치 하락은 문제가 있다. 일찌감치 아파트에 주목하고 수차례 사고팔기를 거듭하여 이미 한몫 쥔 사람들은 거론할 필요도 없을 것이다. 재산 증식 목적으로 아파트를 구입한 사람들 역시 거론할 필요가 없다. 그런 사람들은 투자를 목적으로 했기에 그것까지 사회 문제로 비화시킬 필요는 없다. 적어도 우리나라 경제체제 아래에서는 용납되어서는 안 될 일이다.

아파트 생활이 편리하다는 판단 아래 아파트에 입주한 사람들도 있다. 아파트 매입에 필요한 자금 전액을 담보대출 없이 스스로 장만하여 들어간 사람들 역시 거론할 필요가 없다. 그런 사람들은 재산상의 불이익을 당하겠지만 어디까지나 자신에게 맞는 주거 형태로 아파트를 선택한 사람들이다.

이 세 가지 부류에 속하지 않으면서 아파트에 사는 사람들이 있다. 물론 그 사람들도 아파트를 매입할 때는 재산 가치 상승을 기대했을 것이다. 그런 점에서는 개인의 판단에 따른 책임을 피할 길이 없다. 하지만 많은 담보대출을 안고 아파트를 매입한 사람들에게 아파트 가격 하락은 거의 재앙이나 마찬가지다. 지난 2002년 가을부터 시작된 신용카드 사태 이상 가는 잠재적인 폭발력을 가진 계층이라고 할 수 있다.

개인의 선택이라며 무관심해질 수도 있다. 그러나 이와 같은 사람들로 인해서 경제에 미칠 파급 효과는 엄청나다. 가장 먼저 들 수 있는 것이 은행권 등 금융기관의 부실을 들 수 있다. 은행이 부실해지면 국가 경제도 심각한 타격을 받는다. 또 한 가지 문제는 그렇지 않아도 외부 의존이 강한 우리 경제에 미치는 악영향이다.

지금 우리 경제가 통계 수치로 나타나는 것보다 상황이 심각하다는 것은 누구나 피부로 느끼고 있다. 그것은 전적으로 내수 경제가 살아나지 않기 때문이다. 외화 벌이를 통해 얻는 수입은 고스란히 수출을 하는 대기업 주머니로 들어간다. 1990년대 말과 2008년에 금융위기로 촉발된 경제 위기를 경험한 기업들에게 내수 경제를 위해 투자를 강권할 수는 없다. 기업은 철저하게 기업의 생존과 발전을 위해서 존재하는 집단이다.

결국 내수 경제를 살리는 것은 국민들과 중소기업의 몫이 될 것이다. 그런데 우리 경제의 한 축이라고 할 수 있는, 아파트 담보대출을 안고 있는 계층들이 주머니를 잠그면 내수 경제는 지금보다 더 심각한 상황을 맞이하게 된다.

담보대출을 안고 아파트를 매입한 그들이 재산 증식을 위해 능력 이상으로 무리했다는 점에서는 충분히 비난의 소지가 있다. 그러나 그렇다고 해서 내수 경제를 포기할 수도 없지 않은가? 은행권 부실을 방치할 수도 없지 않은가?

아파트 가격 하락이 대세라는 점을 인정할 때, 가장 큰 딜레마는 여기서 시작된다.

많은 사람들은 그들의 욕심을 탓할지도 모른다. 아파트 가격 하락을 보도하는 언론의 보도 태도는 그들이 가지고 있는 문제와 앞으로 예상되는 문제까지 등 돌리게 만든다. 주요 언론에서는 정부에 하루빨리 효과적인 다른 대책을 내놓으라고 재촉한다.

하지만 정부는 더 이상 손 쓸 여력이 없고, 세금을 내야 하는 국민들의 감정만 안 좋은 방향으로 이끈다. 아파트 가격 하락으로 인해 손해 보는 일부 사람들과 건설사들을 위한 기사라는 것을 다 알고 있기 때문이다. 사실 많은 국민들은 언론 기사의 숨은 뜻을 속속들이 알고 있다. 그 기사를 쓰는 기자들과 그 기사에 넘어가는 일부 사람들만 모르고 있을 뿐이다.

언론 기사를 보면 아파트 폭락을 말한다. 그러나 많은 국민들은 미친 집값이 이제야 정상으로 돌아가고 있다고 생각한다. 미분양 사태를 이야기하면서 향후 수요에 비해 공급이 부족할 것이라는 기사도 마찬가지다. 지금도 남아도는 것이 아파트인데 갈수록 실수요층 감소와 독신 인구가 늘어나는 형편에 공급과잉을 말하는 것 자체가 낯뜨거운 짓이다. 아파트의 노후도 마찬가지다. 지금 있는 아파트도 재건축이 제대로 이루어지지 않는 판에 수요와 공급의 불일치를 말하다니!

그런 언론 기사들이 정작 어려운 처지에 놓인 사람들로부터 등을 돌리게 만든다는 것을 언론사는 알고 있을까?

국민들은 더 이상 아파트를 사기 위해 목숨 걸지 않는다. 보다 중요한 것은 오를 대로 오른 아파트 가격이나 분양가를 생각해 보라. 과연 원하는 것만큼 수요가 만들어질 것이라고 생각하는 것일까? 속된 말로 살 사람은 다 샀고, 아직 못 산 사람들은 경제적인 능력이 없어서 사지 못하고 있는 것이다. 적어도 이 가격이 계속되는 한 이 현상은 계속될 것이다.

심각한 사회 문제를 언론이 더욱 꼬이게 만들고 있는 셈이다. 여기에 정책 당국의 무능, 무관심이 일을 더욱 힘들게 만든다.

사람들로부터의 무관심 속에 힘든 것은 무리한 담보대출을 안고 살아가는 사람들이다. 진정한 하우스 푸어는 바로 그들이다. 그들은 지금 진퇴양난의 처지에 놓여 있다.

● 이미 초침은 돌아가고 있다

하우스 푸어 문제는 이제 시작일 뿐이다. 1990년대 말에서 2000년 초반기에 지어진 아파트들은 외환위기 탓에 비교적 낮은 가격에 분양되었다. 이때 많은 사람들이 은행 담보대출을 통해 아파트를 매입했다. 시기적으로 보면 원리금 이자를 막 갚고, 이제 원리금 상환을 시작했거나 조만간 시작할 시기다.

원리금 상환! 하우스 푸어가 본격적인 사회 문제가 되는 것은 그 시점이 될 것이다.

기존 아파트 가격이 떨어지는 것을 막는 방법을 내놓아라? 미분양 아파트 문제를 해결하라? 재건축 아파트 문제? 이것들은 아직 여유가 있거나 재산상의 손해를 보지 않겠다는 사람들의 목소리다. 진실로 절박한 사람들은 원리금을 상환하고 있거나, 상환을 눈앞에 두고 있는 사람들이다.

은행권에서는 당연히 채권 회수에 나설 것이다. 그것을 두고 시비를 걸 사람은 없다. 은행이야 당연히 돈을 통해 장사를 하는 곳이다. 대출을 해주면서 기한도 설정해 두었다. 은행 입장에서는 채권 회수를 하지 못하면 당장 생존에 위협을 받게 된다.

이 문제를 기업들에게 구제금융을 제공했던 것처럼 정치적으로 해결하겠다는 생각은 꿈도 꾸지 말아야 한다. 이제는 우리나라 은행도 정치권의 입김에 놀아날 은행들이 아니다. 경험의 효과다. 정치권의 말을 믿거나 외압을 받아서 제때 채권 회수를 하지 못했다가 사라진 무수한 은행들을 보았는데, 다시 똑같은 잘못을 반복할 리 없다.

초조하게 '그날(원리금 상환일)'이 오기를 기다리는 사람들이 많다. 이미 많은 사람들은 원리금 상환이라는 폭탄을 맞고 정신을 차리지 못할 정도다. (왜 그런 사람들 수나 총 부채 액수, 아파트로 인해 지고 있는 부채 액수, 총수입 중에서 원리금 상환에 들어가는 액수 등에 관한 통계 조사는 실시하지 않는지 모르지만) 이미 서서히 우려하던 상황이 시작되고 있다.

그것은 무엇보다 아파트 주변을 둘러보면 알 수 있다. 한때 중산층의 표본이라고 하던 아파트 주민들의 얼굴에는 웃음기가 없다. 그들의 시장바구니를 보면 왜 내수 경제가 이 모양인지 알 수 있다. 사고 싶어도 돈이 없는 것이다.

일부 부유층이 사는 아파트 단지를 제외하고, 성황을 누리던 아파트 단지 앞 학원들은 줄어드는 원생 수로 폐업을 생각하는 학원 운영자들이 많다. '어떤 일이 있어도…'라면서 자식 교육에 열을 올리던 주부들이 '아파트가 떠내려갈' 위험 앞에서 손을 들고 만 것이다.

아파트 가격 상승을 기대하는 사람들도 있다. 아파트 가격이 저점을 찍으면, 처음 아파트를 살 때 들어간 돈과 그동안 낸 이자만 회수할 수 있을 정도만 되면 아파트를 팔고 이사를 가겠다는 것이다. 그러면서 덧붙인다.

"은행에 돈 내고 나면 남는 것이 있어야지. 차에 기름 넣을 돈이 없어서 전철 타고 다닌다니까."

몇 년 전까지만 해도 서울에 그럴듯한 아파트를 장만했다며 기뻐하던 친구의 말이다. 그에게 아파트는 자신의 노력이 헛되지 않았다는 것을 증명하는 수단이었다. 그러나 그토록 자랑스러워하던 아파트는 비수가 되어 돌아왔다. 그 아파트를 지키기 위해 그는 최저생활을 감수하고 있는 중이다.

예를 든 그 친구만이 아니다. 쓰려고 해도 쓸 돈이 없다고 아우성이다. 그런 친구들 대부분은 무리하게 담보대출을 안고 아파트를 장만한 친구들이다. 그 친구들에게서는 웃음을 찾을 수 없다.

그래도 원리금을 갚아 나갈 수 있으면 다행이다. 아파트 단지 공인중개사 사무실 앞 유리에 빼곡하게 붙어 있는 '급매물'이란 무엇을 뜻하는가? 경매 직전에 혹은 이 상태로 계속 가면 그나마 가진 것조차 경매로 빼앗길 처지에 놓인 사람들이 내놓은 물건들이 대부분이다. 이것이 아파트에 매료되어 아파트를 구입한 사람들의 현주소다.

이제 서서히 손을 드는 사람들이 늘어나고 있다. 특히 아파트 가격 하락은 '가격만 반등하면'이라는 생각에 버티던 사람들에게서 희망을 앗아갔다.

연체도 급격하게 증가하고 있다. 은행권의 주택담보대출 연체율은 2010년 8월 말 기준 0.64%로, 7월의 0.53%에 비해 21%나 높아졌다.

기존 입주자들에게서만 나타나는 현상이 아니다. 아파트 입주 예정자를 상대로 중도금이나 입주 잔금 대출을 해주는 집단대출 연체율이 급증하고 있다. 중도금 대출이자를 대신 내주던 시공사들이 한계에 부닥치거나 분양자들이 기존 주택이 팔리지 않아 입주를 못하고 있다는 증거다.

우려하던 대로 부동산 시장은 점차 유동성 위기를 향해 나가고 있다. 아파트 집단대출 평균 연체율은 0.38% 정도인 것으로 드러났다. 2분기 0.25%에 비하면 52%나 늘어난 수치다.

원인은 부동산 시장에 돈이 돌지 않기 때문이다. 집단대출을 받은 사람들은 대부분 기존 아파트를 좀 더 넓은 평수로 옮기려고 한 사람들이다. 그러나 아파트 시장이 침체되면서 기존 아파트가 팔리지 않아 입주를 못하는 것이다. 여기에 물가 상승 등으로 가처분 소득마저 줄어들어 이자를 낼 여력이 없어졌다고 보면 된다.

아파트를 사수하겠다는 사람들은 은행권을 찾아보지만 은행에서는 추가 담보대출을 해주지 않고 있다. 은행권에서는 이미 담보대출 중에서도 부실 징후가 보이는 채권에 대해 회수 준비에 들어간 느낌이다. 은행권에서 추가 대출을 받지 못한 사람들이 찾는 곳이 제2금융권이다. 은행권보다 비싼 이자와 불리한 조건을 무릅쓰고 아파트를 지키겠다는 의지다.

그러나 의지만 가지고 아파트를 사수할 수 있을까? 그렇지 못할 것이다.

　방법은 두 가지밖에 없다. 아파트 가격이 반등하여 재산 가치를 회복한 뒤에 매도하는 것이 첫 번째 방법이다. 두 번째는 실질소득이 갑자기 증가하여 대출금 상환에 무리를 느끼지 않는 것이다. 하지만 두 가지 모두 현실성이 떨어지는 것으로 보인다. 그렇다면 우리 앞에 기다리고 있는 것은 무엇일까?

● 밀어내기 분양 때문에 상투 잡은 사람들

　2007년의 일이다. 이른바 '밀어내기 분양'이라는 말이 유행한 적이 있다. 그 밀어내기 분양 결과 지어진 아파트가 공급되기 시작한 것은 2009년부터다.

　밀어내기 분양 결과, 전국 아파트 연간 입주 물량은 급격하게 증가하고 있다. 2009년에 28만 2천 가구에서 2010년에는 29만 9천 가구로 증가했다. 2011년에 18만 8천 가구, 2012년에도 10만 9천 가구가 입주를 대기하고 있다.

　밀어내기 분양 결과, 건설된 아파트들이 입주를 시작한 시점과 아파트 가격 하락이 본격화된 시점이 일치한다. 여신 담당자들은 아직 연체율을 신경 쓸 때가 아니라고 말한다.

그러나 과연 그럴까? 지나친 장밋빛 전망이 아닐까?

2007년의 일을 다시 생각해 보자. 분양가 상한제를 앞둔 건설사들은 계약금, 중도금, 잔금 등을 은행권에서 대출받을 수 있도록 알선해 주었다. 그 결과 분양 실적도 최고치를 기록했다. 그때 아파트를 분양받은 사람들은 횡재한 기분이었을 것이다. 자기 돈을 많이 들이지 않고 대형 평수의 새 아파트에 입주할 수 있다니 얼마나 좋았을까?

아마 계산도 치밀하게 했을 것이다. 현재 살고 있는 아파트를 매도하고, 은행권에서 담보대출을 받으면 입주에 큰 무리가 없을 것으로 보았을 것이다.

그러나 여기에서 치명적인 큰 실수를 저질렀다. 그 실수가 무엇인가? 자본주의 경제학에 대해서 너무 몰랐던 것이다. 그 실수를 하나하나 따져보자.

먼저, 부동산도 시장이 형성되어야 사고팔 수 있다. 시장이 형성되지 않으면 제 아무리 좋은 물건도 제 값 받고 팔기 힘들다.

두 번째, 아파트 불패론을 신봉한 것이다. 사실 이 점은 계산에 넣을 필요도 느끼지 못했을 것이다. 살아오는 동안 아파트 가격이 하락했다는 말은 어디서도 들어 본 적이 없었기 때문일 것이다.

세 번째, 장기적인 경제 전망을 하지 않은 점이다. 사실 장기적이라고 할 것도 없다. 불과 2~3년 후의 일이었으니까. 2007년은 세계적으로 금융위기의 싹이 보이던 시점이었다. 더군다나 중국이 축적한 경제력을 바탕으로 전 세계 자원과 원자재 싹쓸이에 나설 때였다. 중국 경제의 동향을 보면 충분히 우리 경제가 2010년에 어떤 어려움에 봉착하게 될지 예상할 수 있었다.

네 번째, 이것은 아주 기본적인 생각인데, 아파트(부동산)도 상품이라는 점을 얕잡아 봤다. 아니면 무시했든지. 상품의 특성은 수요와 공급에 의해서 가격이 결정된다는 것은 누구나 알고 있는 경제 상식이다. 아파트 역시 상품이라는 점을 생각하지 못한 것이다.

다섯 번째, 이웃 일본의 사례를 검토하고 적용하지 않았다는 점이다. 일본의 부동산 버블 붕괴는 우리 경제와 매우 흡사하다. 제3장에서 일본의 사례를 보다 자세하게 설명하겠지만, 내수 경기 침체 → 수요의 감소 → 부동산 가격 하락으로 이어진 것을 생각하지 않았다. 아니면 설마 우리나라에 그런 일이 일어날까, 그렇게 생각하면서 지나치게 낙관적으로 생각했을 수도 있다.

여섯 번째, 사회 문화적인 변화 흐름에 너무 관심을 기울이지 않았다. 베이비붐 세대가 지나가고 새로운 환경에서 자라난 젊은 세대들의 사고방식, 생활방식에 무심했다. 이것 역시 치명적인 결함으로 장차 아파트를 매입할 실수요층이 어떤 생각을 가지고 살아가는지, 거기에 따라서 소비나 생활 패턴도 달라진다는 것을 인식하지 못했다.

그 결과가 지금 나타나고 있다. 우리말에 '상투 잡았다' 는 말이 있다. 꼭 그 꼴이다.

● 갈수록 악화되는 아파트 시장 상황

지금도 존재하지만 다단계 판매나 피라미드 판매가 선풍적인 바람을 일으킨 적이 있다. 그런 조직들이 어떻게 돈을 버는지는 다들 잘 알고 있을 것이다. 그것은 마치 한 마리 여왕벌을 위해 다수의 일벌들이 부지런히 꿀을 모으는 것과 다를 바가 없다.

아파트 역시 다단계 판매를 닮았다. 처음 아파트를 매입한 사람은 어느 정도 살다가 투자한 금액 이상을 뽑고 난 뒤에 매도를 한다. 두 번째 매입한 사람은 첫 번째 매입한 사람보다는 적은 이윤을 남기지만 그래도 손해를 보았다고 할 수는 없다.

그런 방식이 계속된다. 그리고 어느 순간, 아파트 가격이 정점을 찍은 이후에 아파트를 매입한 사람은 손해를 보게 된다. 그 사람은 손해가 날 것이라는 것을 예상하면서도, 자신의 손해를 최소화하기 위해 서둘러 매도한다. 그 다음 사람은 어떻게 될까? 굳이 답하지 않아도 알 수 있을 것이다.

아파트 시장에서 그런 조짐은 2000년대부터 시작되었다고 보는 것이 맞을 것이다. 눈치 빠른 사람들은 서둘러 아파트에 대한 미련을 접고 떠나고 아파트에 대한 환상을 가진 사람들이 아파트, 아파트 하면서 매입에 열을 올렸다.

그 결과 아파트 가격 하락에 분통이 터져 잠 못 이루는 사람들이 늘어나게 되었다. 담보를 안고 아파트를 매입한 사람들은 대출금 상환 때문에 잠을 못 이룬다. 정확한 통계는 아니지만 다섯 가구 중에 한 가구는 대출금 상환 문제로 고민을 하고 있다고 한다. 이것은 통계일 뿐이고 실제는 그것보다 훨씬 많은 사람들이 밤잠을 이루지 못하고 있다.

그러나 아무리 고민을 하고, 분통이 터져도 이미 엎질러진 물이다. 어쩌면 차라리 지금이 행복했다고 여길지도 모른다. 많은 언론, 금융권, 부동산과 이해관계를 맺고 있는 사람들은 2011년이면 저점을 통과할 것이라고 말한다. 그러나 그것은 희망 섞인 예측일 뿐이다. 현재 돌아가는 형편을 보면 상황이 획기적으로 개선될 것이라는 징조는 보이지 않는다.

보다 솔직하게 말하자. 가면 갈수록 상황이 악화될 것이다. 얼마나 악화될지는 모른다. 일본처럼 바닥까지 떨어질 수도 있고 그 전에 추락을 멈출 수도 있다.

분명한 것은 안 좋아진다는 점이다. 어쩌면 지금은 거센 폭풍이 몰려오기 전에 맞이하는 정적의 순간일 수도 있다.

이제는 있는 그대로 상황을 직시하고 받아들여야 한다. 그래야만 대비책도 나온다. 일본처럼 설마설마 하다가 앉아서 당할 수는 없지 않은가.

우리들이 원하는 것은 현명함을 발휘하여 아파트(부동산) 시장을 연착륙시키는 것이다. 그것이 모든 정책의 목표가 되어야 하고, 아파트를 매입한 사람들도 마음의 준비를 해야 한다.

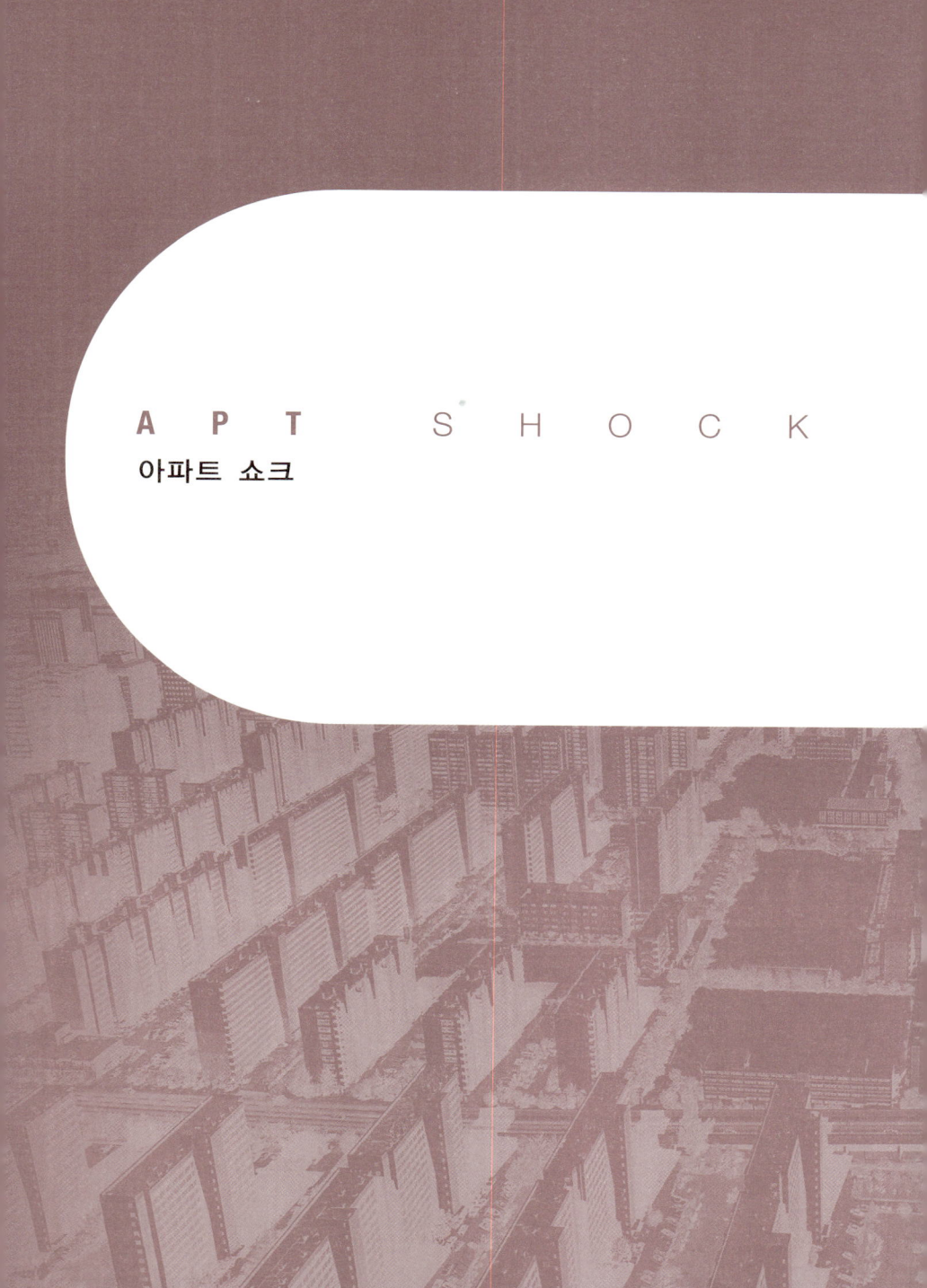

APT SHOCK

아파트 쇼크

Part 3

아파트 버블 붕괴!
이미 비상등은 켜졌다

- 일본의 '부동산 버블 붕괴'를 타산지석으로 삼자 · 미국의 부동산과 금융권의 동반 몰락
- 아일랜드와 두바이의 위험한 선택 · 늘어만 가는 담보대출 비율 · 열쇠는 아파트가 쥐고 있다
- 맹목적인 믿음이 부른 결과 · 생활 패턴이 달라졌다 · 아파트 시장과 고령화의 의미
- 주택 소유에 대한 인식이 변하고 있다 · 너무 커진 아파트 가격의 거품
- 믿고 싶지 않은 증거들 · 인정해야 방법이 보인다 · 비상등이 켜졌다

Part 3 아파트 버블 붕괴!
이미 비상등은 켜졌다

● 일본의 '부동산 버블 붕괴'를 타산지석으로 삼자

우리와 경제발전 과정이나 경제구조 면에서 가장 비슷한 나라는 어디일까? 길게 생각할 것도 없이 일본이라고 대답할 것이다. 사실 문화나 사고방식 등에서도 두 나라는 매우 흡사하다.

우리나라는 일본을 경제 발전의 모델로 삼았다. 그런데 그 일본이 무너졌다. 일본인들은 공공연히 '잃어버린 20년'을 말한다. 실제 그 기간 동안 일본의 경제 성장은 거의 멈춘 상태였다.

물론 일본 경제 규모에서 1% 성장은 대단한 양적 성장이라고 할 수 있다. 그러나 일본인들이 체감하는 경기는 불황 그 이상의 것이었다. 그동안 일본 경제가 고속 팽창을 했기에 상대적으로 느끼는 경기일 수도 있다. 또 실제 일본과 같이 내수시장이 발달하지 않은 국가에서 1% 성장은 견디기 힘든 불황이었다.

한마디로 전 세계 모든 나라가 모범으로 여기던 일본 경제가 하루 아침에 이렇게 된 이유는 무엇일까? 답은 부동산이다. 부동산에 지나치게 거품이 끼었고, 그 거품이 터지는 순간에 일본 경제는 추락하고 말았다.

여기서 부동산의 근본이라고 할 수 있는 토지부터 말해야 할 것이다. 우리나라는 물론이고 일본 역시 좁은 국토 면적에 많은 인구가 살고 있다. 우리나라나 일본은 전형적인 인구 고밀도 국가들이다. 이런 나라들에서 부동산은 경제적으로 아주 중요하면서도 특수한 위치를 누린다.

부동산 역시 사적 재산의 한 종류다. 그러나 우리나라나 일본과 같은 경우에는 지속적인 성장과 대다수 인구의 만족도를 고려해야만 한다. 따라서 부동산, 특히 토지는 공공재의 성격을 가질 수밖에 없다.

그러나 우리나라나 일본은 그렇게 하지 못했다. 아니, 방치했다. 본래 자본주의 특성상 귀하면 가치가 더욱 증가한다. 땅이 넓지만 인구는 적은 캐나다, 호주 같은 나라에서 부동산은 유력한 투자 대상이 될 수 없다. 그러나 우리나라나 일본은 많은 인구에 토지는 제한되어 있기에 가장 유력한 투자 대상이 된다.

우리나라나 일본에서는 부동산이 곧 부유함을 재는 척도였다. 보다 많은 부동산을 소유하는 것은 부를 가장 확실하고 안전하게 늘릴 수 있는 방법이었다. 그렇기에 두 나라에서 투자할 여력이 있는 사람들은 부동산을 사들이는 데 열을 올렸다. 부동산을 통해 재산 증식을 시도한 것이다.

그것은 어느 정도 맞아떨어졌다. 두 나라 모두 부동산 불패론이 팽배해 있었다. 그러나 일본에서 먼저 부동산 불패론이 무너지기 시작했다. 부동산 버블 붕괴가 시작된 것이다.

일본 부동산 시장이 몰락할 당시 사정을 살펴보자. 그러면 실로 몸서리쳐지는 상황을 발견할 수 있다. 그것은 일본의 부동산 버블 붕괴 당시의 사정과 현재 우리가 겪고 있는 아파트 가격 하락이 우연의 일치라고 하기에는 지나칠 정도로 닮아 있다는 점이다.

일본도 버블 붕괴에 앞서 가격 폭등기가 있었다. 너도나도 부동산 매입에 열을 올렸다. 재산가치 상승과 안전성 면에서 부동산처럼 매력적인 투자 대상도 없었다. 어느 정도였는가 하면 일본의 부동산을 모두 팔면 미국 땅을 사들일 수 있다고 할 정도였다.

그러나 그것은 부동산 가격만 놓고 계산한 단순 비교였다. 일본인들에게만 중요한 부동산이었다. 일본에서만 계산한 부동산 가치였다. 다른 나라, 특히 경제적으로 일본과 경쟁 관계에 있던 나라에게는 아무 가치가 없는 일본만의 부동산이었다. 그런데 일본인들은 자기들에게만 소중한 부동산 시장으로 몰려들었다. 지금의 한국인들과 조금도 다를 바가 없었다.

그 결과 일본의 부동산 가격은 천정부지로 치솟았다. 부동산 가격이 정점을 찍었을 때, 도쿄의 최고급 아파트는 120평 기준으로 원화로 약 100억 원에 달했다. 이것을 우리나라와 일본과의 환율을 통해 비교하면 거의 같은 수준의 가격이라고 할 수 있다. 일본 부동산이 폭등기 이후 붕괴 직전의 가격까지 우리나라 아파트 가격이 올라 있는 것이다.

일본에서는 부동산 가격이 정점을 찍고 난 뒤에 부동산 버블 붕괴가 시작됐다. 1990년대 초반의 일이다.

여기서 주의할 것이 있다. 부동산 시장을 맹신했다는 점, 정점의 부동산 가격 등에서는 거의 같다. 하지만 1990년대 초반의 일본 경제력과 현재의 우리나라 경제력이 같은 수준일까? 지금의 한국 경제보다 그 당시의 일본 경제가 훨씬 견실했다는 것은 의심의 여지가 없다.

경제력과 가격을 비교하면 현재 우리의 포지션은 어디인가? 일본 부동산 버블 붕괴 시점보다 더 멀리 와 있다는 얘기이지 않은가? 이것이 뜻하는 것은 아파트 가격 하락으로 시작된 부동산 시장 위축이 시작될 경우 일본보다 훨씬 치명적이고 광범위한 영향을 받게 될 것이라는 뜻이다.

일본의 경우 부동산 버블 붕괴가 일어나면서 부의 상징이었던 대형 평형 아파트 가격은 정점 가격의 10%까지 하락했다. 소형 평형 아파트들은 정점 가격의 30% 선까지 하락했다. 거의 국가적인 재앙이었던 것이다.

재앙의 여파는 지금도 계속되고 있다. 부동산, 특히 아파트에 올인했던 일본의 대다수 서민 경제는 아직도 위축되어 있다. 소비는 살아나지 않고 내수시장은 극도로 위축되었다. 일본 경제의 해외 의존도는 더욱 커질 수밖에 없었고, 이것은 일본 경제의 아킬레스건이 되었다.

• 미국의 부동산과 금융권의 동반 몰락

부동산 가격 대폭락은 일본만의 일이 아니었다. 세계 경제를 이끄는 한 축인 미국도 부동산 가격 대폭락으로 경제적 어려움에 직면했다. 그런데 미국의 부동산 가격 대폭락은 일본의 버블 붕괴와는 조금 성격이 다르다. 일본은 부동산의 가치가 재산 증식 수단으로 활용되면서 가격 이상 급등으로 붕괴된 경우라고 할 수 있다.

하지만 미국은 사정이 다르다. 3억 명에 이르는 인구가 살고 있지만 국토가 워낙 넓어 일부 대도시를 제외하면 부동산 자체는 투자 대상으로 큰 매력이 없었다.

경제 구성도 일본과는 많이 다르다. 일본이 대외 의존도가 높은 경제라면 미국은 사정이 다르다. 미국은 하이테크 산업과 전통 제조업이 발달한 국가이지만 내수시장도 충분히 형성되어 있다. 그런데 그런 미국이 부동산 가격 대폭락이라는 재앙을 맞이한 것이다.

왜 이런 일이 일어났을까? 상식선에서 생각하면 미국은 부동산 시장이 활성화되기에는 조건이 충족되어 있지 않다. 그러나 그 내막을 자세히 들여다보면 충분히 이해할 수 있다.

20세기 중반에 접어들면서 미국은 대량 경작, 기계화 등의 추진으로 농업 생산성이 발달하면서 농촌 인구가 급격하게 줄어들었다. 많은 미국인들은 살던 곳을 떠나 도시로 집중되었다. 그들이 향한 곳은 주로 미국 북동부와 공업이 발달한 지역이었다. 특히 미국 북동부는 우리나라 수도권이나 일본의 관동지방처럼 급격하게 인구과밀 지역으로 변모했다. 바로 여기서부터 미국도 부동산 가격 대폭락을 잉태하기 시작했다.

한정된 재화를 대상으로 수요가 많아지면 가격은 자연히 올라가게 되어 있다. 뉴욕을 중심으로 한 미국 북동부 지역도 예외일 수 없었다. 세계 금융의 메카 구실을 하는 뉴욕은 인구가 하루가 다르게 급증했다. 그러면서 뉴욕은 미국의 다른 지역에서는 볼 수 없는 주거 형태가 자리 잡기 시작했다. 고층, 고급 아파트를 중심으로 주거 형태가 바뀐 것이다.

미국의 다른 지역에서는 대형 아파트를 찾아보기 힘들다. 북동부를 제외한 다른 지역은 대도시이더라도 비교적 넉넉한 재화(땅)를 공급할 수 있는 여력이 있고, 산업 구성이 북동부와는 판이하게 다르다.

이 점은 우리에게는 부러움의 대상이다. 우리나라와 같이 부동산이 적은 나라에서는 부동산 가격 하락이 전국적인 현상이 되기 십상이다. 온 나라가 타격을 입는다는 뜻이다. 일본도 버블 붕괴 때 같은 경험을 했다.

그럼 미국의 부동산 가격 대폭락은 무엇 때문에 일어난 것일까?

미국에서도 부동산 가격은 상승했다. 그러나 우리나라나 일본에 비해서는 아주 소폭(?) 상승한 것에 지나지 않는다. 문제는 부동산 경기를 활성화시켜 위축된 경기를 살리기 위해 실시한 정책이었다. 바로 정치권에서 제안하고 금융권에서 시행한 서브프라임 모기지론이 문제였다.

미국은 서브프라임 모기지론을 실시하여 보다 많은 사람들이 주택을 소유할 수 있는 기회를 제공했다. 그것은 미국 서민들을 위한 정책이 아니었다. 건설경기를 살려 내수경제를 견인하려는 고육책이었다.

세인트루이스는 부동산 가격 상승기에 다른 지역과 마찬가지로 가격 상승 시기를 거쳤다. 그러나 가격 상승 폭은 크지 않았다. 따라서 부동산 투자를 통해 재산을 증식하겠다는 생각을 가진 사람도 많지 않았다. 미국 전역의 부동산 가격 상승 영향으로 소폭 상승한 것이다.

인구 400만 명이 넘게 사는 세인트루이스와 인근 주민들은 다른 지역과 달리 대폭 상승이 이루어지지 않는 부동산 가격을 보면서 불만스러워했을 수도 있다. 하지만 그 지역에서는 부동산 경기를 살리기 위한 어떤 대책도 내놓지 않았다. 인위적인 정책으로 경기 부양을 시도하지 않았다.

그것이 약이 됐다. 소폭 상승에 부러워하던 주민들의 입장은 단번에 바뀌었다. 세인트루이스 당국과 주민들은 2000년대 중반부터 다른 지역에서 급상승했던 부동산 가격이 흔들리고 있다는 것을 알았다.

그 결과 부동산 가격 상승과 폭락의 영향을 덜 받은 것이다. 소폭 상승했다가 소폭 하락으로 마무리된 것이다. 결론적으로 보면 롤러코스터를 타는 듯한 대폭 상승과 대폭 하락으로부터 비교적 손해를 덜 입었다고 할 수 있다.

미국의 서브프라임 모기지 사태는 그 이전부터 조금씩 떨어지기 시작하던 부동산 가격이 어느 시점, 즉 비등점에 이르자 폭발을 한 것이라고 보면 된다.

부동산 가격 대폭락으로 가장 큰 피해를 입은 지역은 역시 인구밀집 지역이면서 주거 형태가 미국의 다른 지역과는 사뭇 다른 북동부 지역이었다.

N. Y. Housing Complex Is Turned Over to Creditors.

〈뉴욕타임스〉에 실린 기사의 헤드라인이다. 원문 그대로 해석하면 '뉴욕의 대형 아파트 단지가 채권자들에게 넘어갔다' 는 뜻이 될 것이다. 여기서 채권자란 아파트 담보대출을 해준 은행권을 말한다. 일본은 물론 미국에서도 상상조차 할 수 없는 일이 현실에서 벌어진 것이다.

시장의 규모, 수요에 못 미치는 공급, 그로 인해 발생한 높은 가격대 형성이 두 지역의 공통점이다. 당연히 가격은 상승했고, 투자 매력이 존재하는 이상 두 지역의 부동산 시장은 가히 '철옹성'이라고 생각했다.

일반 투자자들은 상상도 할 수 없었던 일이 뉴욕을 중심으로 해서 일어났다. 뉴욕은 워싱턴과 비교할 바가 아니다. 워싱턴이 정치 수도라면 뉴욕은 전 세계 경제의 중심이자, 수도 역할을 해내는 곳이다. 그렇기에 뉴욕은 미국인은 물론 전 세계 글로벌 회사, 기업인들로 부동산 수요가 넘쳐나는 곳이다. 그런 뉴욕이 대폭락의 진원지가 된 것이다.

뉴욕 중에서도 가장 핵심이라고 할 수 있는 맨해튼에서는 한 부동산 투자 회사가 1,000가구, 100동에 이르는 대규모 아파트 단지를 구입했다. 밝혀지지 않았지만, 매입 가격만 해도 약 6조 원에 이를 것으로 예상하고 있다. 그러나 예측하던 것만큼 분양도 되지 않고 여기에 부동산 가격 하락과 미국 경제 불황이 장기화되면서 채권단에게 손을 들고 말았다. 이때 채권단이 인수한 가격은 약 2조 원. 결과적으로 4조 원이라는 어마어마한 돈이 몇 년 사이에 증발되고 만 것이다.

이 같은 현상은 뉴욕만이 아니었다. 진원지인 뉴욕을 중심으로 그동안 과대평가되고, 높은 가격을 유지하고 있던 미국 전역이 영향을 받기 시작한 것이다. 심지어 미국에서는 중소 규모의 도시라고 할 수 있는 인구 100만에서 400만 명에 이르는 도시들도 영향을 받았다.

그런 도시들에서 가장 큰 타격을 입은 것은 부동산 시장 활황이 계속되리라는 잘못된 판단 아래 대규모 주택 공사를 시작한 건설사들이었다. 그중에는 완공을 한 주택단지도 있고, 짓다가 채무 상황을 견디지 못하고 공사를 도중에 그만둔 경우도 있다.

물론 그런 주택단지들은 유령 도시처럼, 밤에도 불이 켜지지 않는 도시들이 되었다. 사람의 왕래도 볼 수 없는 텅텅 빈 도시들이다. 어쩐지 현재 우리 모습과 많이 닮았다는 생각이 들지 않는가?

● 아일랜드와 두바이의 위험한 선택

서유럽에서도 변방이었던 아일랜드. 지금도 미국의 이민자 후예들 가운데 아일랜드계는 압도적인 숫자를 차지하고 있다. 서유럽 국가들이 산업혁명과 식민 지배를 통해 '부국강병'을 이루어나갈 때도 아일랜드는 예외였다.

그럴 수밖에 없었다. 당시 아일랜드는 영국의 식민지였다. 지도를 보면 영국 섬이 아일랜드를 싸안고 있는 모습이다. 세계에서 가장 위험한 무력시위를 벌이는 것으로 이름난 IRA는 영국이 아일랜드에 대한 식민 지배를 포기했지만 유독 북아일랜드 지배를 계속했기에 생겨난 저항 집단이다.

아일랜드는 서유럽에서 가장 가난한 나라였다. 땅이 척박하여 마땅히 재배할 농작물이 없었다. 농업이 국가 경제의 근본을 이루던 시대에 겨우 감자에만 매달릴 수밖에 없었던 아일랜드는 하늘에 운명을 맡긴 땅이었다.

유독 미국 이민자 가운데 아일랜드계가 많은 것은 감자 기근으로 촉발된 식량난 때문이었다. 그 수치를 믿을 수 없을 정도로 문명의 중심이라고 자부하던 유럽에 속한 아일랜드에서 무려 100만 명이 굶어 죽었다. 당시 아일랜드 인구 여섯 명 가운데 한 명은 죽은 셈이다.

그런 아일랜드가 전 세계의 주목을 받기 시작했다. 오랜 식민 지배를 받으면서 일관되게 추진했던 폐쇄적인 흐름을 바꿔 세계 자본을 유치하기 시작했다. 그 결과 아일랜드 경제는 급격하게 성장했고, '성장통'에 시달리던 서유럽에 새로운 성장 모델을 제시했다.

여기에서 아일랜드가 취한 경제 정책의 잘잘못을 따질 이유는 없다. 분명한 것은, 아일랜드는 단기간에 급속한 성장을 이루어냈다는 사실이다. 문제는 그 다음이었다.

아일랜드는 외국 자본 유치로 성공한 경제 발전의 과실을 재생산을 위한 투자에 사용하지 않았다. 오랫동안 먹을 것에 굶주렸던 아일랜드에서는 땅이 곧 가장 믿음직한 재산이었다. 어떤 면에서는 우리와 많이 닮았다고 할 수 있다.

아일랜드 국민들은 소득 수준이 높아지면서 부동산에 집중적으로 투자했다. 정부 투자는 물론 개인과 기업의 투자도 부동산에 몰려들었다. 그 사이 언제까지 계속될 것 같았던 외국 자본 유입이 어느 순간에 뚝 끊겼다. 아니, 미처 손을 써 볼 틈도 없이 외국계 자본이 빠져나갔다.

아일랜드 정부는 치솟는 재정적자에도 불구하고 버텼다. 하지만 GDP 대비 재정적자 수준이 30%를 넘으면서 아일랜드 정부도 손을 들었다. 다가온 선거를 염두에 두고 결코 받지 않겠다고 버티던 아일랜드 정부는 IMF 구제금융을 받아들였다. 은행권의 부실과 재정적자 악화를 더 이상 견딜 수 없었던 것이다.

고집을 피우던 아일랜드가 IMF 구제금융을 받아들인 것은 이유가 있다. 유로화를 쓰는 나라였기에, 유로 통화권의 공멸을 막자는 유럽 국가들의 압박과 구제금융을 받는 나라에서는 보기 드물게 좋은 조건을 제시한 까닭도 있을 것이다. 그러나 아일랜드는 그 대가로 외자 유치에 결정적인 요인이었던 법인세를 인상해야만 했다. 또한 우리나라가 겪었던 것처럼 금융권의 구조조정도 해야만 할 것이다.

한때 세계 경제의 모델이었던 아일랜드를 이렇게 만든 것은 무엇인가? 주범은 바로 부동산이다. 부동산에 투자가 집중되면서 거품이 생겼고, 금융권은 저금리를 바탕으로 외국에서 들여온 자본을 재생산을 위한 생산시설 투자에 사용하지 않고 손쉬운 부동산 투자에 집중했다.

결국 2008년에 급격하게 불어난 부동산 거품이 터졌다. 이것은 곧

장 부동산 투자에 집중했던 금융권의 부실을 가져왔고, 외국계 자본은 신속하게 빠져나갔다.

아일랜드는 돈도 없고, 생산시설도 없는 빈털터리 나라로 전락했다. 국채를 발행하지 않고서는 국가 경제 편성도 할 수 없을 지경에 이른 것이다.

현재 아일랜드의 '빈집'은 30만 가구 이상인 것으로 추정된다. 아일랜드의 전체 인구가 400만 명을 조금 넘는 것을 생각하면 빈집의 숫자가 얼마나 많은지 알 수 있다.

아일랜드는 다시 이민자 행렬이 줄을 잇고 있다. 당장 돈이 된다고 부동산에 대한 집중 투자가 국가 경제에 어떤 영향을 끼치는지를 여실하게 보여준 것이다.

부동산 투자를 통한 경제 개발이 얼마나 위험한지를 보여주는 대표적인 사례는 또 있다. 바로 두바이다. 아일랜드와 마찬가지로 사막의 기적이라고 칭송받던 곳이다. 그러나 지금 두바이는 세계에 알려진 관광명소 몇 곳을 제외하고는 다시 황량한 사막으로 변했다.

두바이 정부 소유의 최대 지주회사인 두바이월드가 모라토리엄(채무상환 유예)을 선언한 것이 2009년 11월의 일이다. 그 사이 두바이에서는 무슨 일이 일어난 것일까?

두바이가 선택한 것은 부동산 개발이었다. 외자를 유치하여 부동산을 개발하고, 부동산 개발로 발생하는 수익을 다시 부동산에 투자하는 방식으로 경제 성장을 꾀했다. 그러나 두바이는 2008년 국제 금융위기를 맞아 휘청거렸다. 외자 유치가 어려워지면서 전적으로 외자 유치에 의존하던 부동산 개발이 직격탄을 맞은 것이다.

돈이 없으면 개발을 할 수 없는 것은 당연지사다. 두바이는 그동안 오직 부동산 개발에 집중했기에 달리 '가치'를 만들어 낼 수 있는 방법이 없었다. 탈출구가 막힌 것이다. 오직 부동산에 매달린 결과였다.

사막의 신화라고 칭송받던 두바이의 개발붐은 싸늘하게 식었다. 곳곳에 짓다가 만 건물들이 즐비하다. '외자 유치 → 부동산 개발을 통한 오피스, 관광 환경 조성 → 외자 유치'로 이어지던 두바이 경제는 맥없이 무너지고 말았다.

이것은 두바이 경제를 떠받치던 부동산 가격 폭락을 가져왔다. 두바이에서 부동산 가격 폭락은 치명적 상처였다. 두바이 개발붐을 보면서 오늘이 있으리라고 아무도 믿지 않았지만, 현재 활황기에서 50% 하락한 부동산 가치는 곧 두바이 경제가 반 토막 났다는 것을 의미한다.

해외 경제 전문가들은 여기에 20%가량 더 추가 하락할 여지가 있다고 발표했다. 수요에 대한 예측 없이 마구잡이로 개발하여 공급과 수요가 불균형을 이루고 있기 때문이다. 현재는 공급이 수요를 압도하고 있는 형편이다. 어딘지 우리와 많이 닮았다는 느낌을 지울 수가 없다.

물론 두바이는 통관 절차와 입출국 등 제재 완화로 중동의 허브로서의 지위와 역할을 차지할 것이다. 여기에 세계 경제 회복을 가정한다면 두바이가 다시 살아날 가능성은 있다. 그러나 지나친 부동산 투자 집중으로 입은 피해를 복구하기까지는 오랜 시간이 걸릴 것이다.

그나마 두바이가 생존할 수 있었던 것은 두바이에 많은 자금을 투자한 외국계 자본, 금융권 등이 '공멸의 위기감'을 느꼈기에 240억 달러 추가 지원과 채무상환 유예를 받아들였기 때문이다. 그렇지 않았다면 지금 두바이는 다시 예전과 같이 모래바람 부는 사막의 해변으로 남았을 것이다. 인적 끊긴 건물들만 들어선 유령도시로 남았을 것이다.

● 늘어만 가는 담보대출 비율

일본의 부동산 버블 붕괴와 부동산 가격 대폭락을 야기한 미국의 서브프라임 모기지 사태, 그리고 아일랜드와 두바이 부동산 시장 붕괴에는 공통점이 있다.

하나는 아파트(주택) 가격이 비이성적이라고 할 수 있을 만큼 상승했다는 점이다. 아파트 한 채를 팔면 거뜬히 사업체를 하나 차릴 수 있을 만큼 부동산 가격이 정점에 올라 있었다.

여기서 명심해야 할 것이 있다. 우리 옛말 중에 '달도 차면 기운다.'는 말이 있다. 이것은 정점까지 치솟고 난 뒤에는 반드시 내리막 길이 기다리고 있다는 것을 알려주는 말이다.

또 다른 하나는 아파트 등 부동산 구입에 포함되어 있는 담보대출 금액이다. 담보대출 금액은 부동산 가격이 상승할 때는 아무 문제가 없어 보인다. 그러나 일단 가격이 하락하면 돌이킬 수 없는 '독'이 된다.

잠시만 생각해도 알 수 있다. 가격 상승은 자산의 증가를 뜻한다. 이럴 때 담보대출 비율은 총 가격에서 차지하는 비중이 미미한 것으로 보인다. 다소 부담스럽게 여겨진다고 해도, 재산 가치가 상승하기에 큰 문제로 보이지 않는다.

그러나 가격이 하락하기 시작하면 사정은 급격하게 달라진다. 예를 들어 가격 정점에서 30% 정도 차지하고 있던 담보대출 비율은 가격 하락과 함께 그 비중이 점차 늘어난다. 40%, 50% 식으로 계속 늘어나던 담보대출 비율은 결국 아파트를 급매 처분해도 투자 수익은 커녕 원금도 제대로 확보하지 못하는 상태에 이르게 된다.

이것은 또 다른 악순환의 시작이다. 담보대출을 안고 부동산을 구입한 사람들은 거의 투매 식으로 부동산을 처분하려 든다. 피해를 최소화하기 위해서다. 그러나 투매는 가격 하락을 더욱 부추기는 요소다.

그 사이에 시장 상황에 어두운 순수 주거 목적으로 부동산(아파트)을 매입한 사람들의 피해는 더욱 커질 수밖에 없다. 결국 제2, 제3의 담보대출을 받거나(사실 이미 담보대출 금액보다 가치가 떨어진 부동산에 또다시 대출을 해주는 금융권은 없다!) 아니면 담보대출을 받은 금융권의 처분을 기다릴 수밖에 없는 처지로 내몰리게 된다.

이것이 다른 재화와는 달리 부동산, 특히 아파트 가격 형성에서의 문제점이라고 할 수 있다. 공급이 한정되어 있다고 하더라도 수요 역시 한정되어 있기에 반드시 가격 정점이 올 수밖에 없다는 점, 일단 정점을 지나고 나면 그동안 투자했던 원금 보존은 물론 담보대출 금액마저 갚기에도 벅찬 형편이 된다는 것이 부동산 시장, 아파트 시장의 특징이다.

다음은 2010년 말에 산업은행 산하 경제연구소에서 발표한 내용이다.

산업은행 경제연구소는 경제력을 대비하여 검토한 결과, 현재 우리나라 집값(특히 아파트 가격)이 일본의 부동산 버블 붕괴와 미국의 부동산 가격 대폭락이 시작되던 시기에 형성된 가격과 비슷한 수준이거나 지역에 따라서는 오히려 더 높은 가격을 형성하고 있는 것으로 조사되었다.

우려할 만한 이야기는 또 있다. 주택가격 선행지표다. 이것은 경제지표처럼 향후 시장 전망을 진단하는 것으로 별도로 부동산 가격 변동을 추적하여 앞으로 가격 등락을 예상하는 자료다.

이 선행지표에 따르면 우리나라 부동산은 이미 3년 전부터 정점을 찍고 하락 추세를 보이고 있는 것으로 알려졌다.

미국과 일본의 경우 주택가격 선행지표가 하락세로 나타나는 시점과 부동산 가격 폭락이 나타나는 시점이 큰 차이를 보이지 않았다. 그러나 우리나라의 경우에는 이미 3년 전부터 가격 하락 징후가 나타나는데도 아무 이상이 없어 보였다.

아니 그 당시부터 부동산, 특히 아파트 가격 하락에 대한 염려가 있었다. 그러나 그때마다 주요 언론과 관련 업종, 단체 등에서는 하나같이 말했다.

"곧 최저점을 통과할 것이며 내년 상반기(혹은 하반기)가 되면 본격적인 반등세로 돌아설 것이다."

똑같은 말을 3년째 계속해 듣고 있는 것이다. 그러나 '곧'이라고 말했던 정부, 주요 언론, 단체 등의 예상과는 달리 반등세는 없었다. 오히려 시간이 지날수록 하락폭은 커지고 있는 형태다. 그 3년 동안 누적된 하락폭을 감안하면 이미 처음 매입한 가격에서 많게는 20%, 적게는 10% 이상 하락한 상태다. 이것이 2008년 이후 3년 동안 일어난 일이다.

정부에서는 아파트 가격 하락 폭을 낮추고 나아가서는 반등세로 돌리기 위해 갖가지 대책을 내놓았지만 큰 효과를 보지 못했다. 정점을 찍고 하락을 시작한 아파트 가격을 인위적으로 돌리겠다는 발상부터 잘못되었다.

도도히 흐르는 장강(長江)의 물결을 어찌 되돌릴 수 있단 말인가. 그 사이에 정작 피해는 부동산 불패론을 신봉하면서, 정부의 대책을 기다리면서, 반등을 시도할 것이라는 일부 사람들의 말을 찰떡같이 믿고 있던 일반 투자자들에게 돌아갔다.

만약 장담하던 것과 달리 반등에 실패한다면? 그 피해는 고스란히 지난 3년 동안 우려하면서도 매도 시기를 늦추면서 버티던 일반 투자자들에게 돌아간다.

문제는 미국이나 일본과 같이, 뒤늦게 부동산이나 아파트를 매입한 사람들이 순수 자기 자본보다는 은행권 등에서 담보대출을 받은 경우가 많다는 점이다.

재산 가치가 떨어진다고 하더라도 자기 수입으로 담보대출 이자와 원리금을 상환할 수 있다면 상관없는 일이다. 그러나 이미 오를 대로 오른 아파트 가격을 생각하면, 우리나라에 과연 그 금융비용을 감당할 수 있는 사람들이 얼마나 될 것인가?

• 열쇠는 아파트가 쥐고 있다

산업은행 경제연구소는 아울러서 현재 아파트 적정 가격을 제시했다. 현재 2억 9천만 원을 호가하는 아파트라면 여기에서 1억 2천만 원은 더 하락해야 정상적인 가격이라는 것이다.

현재의 가격에서 30% 이상 추가 하락을 해야 적정 가격이라고? 그렇다면 담보대출을 받은 금액을 제외하면 순수 자기 자본은 거의 허공으로 날아갔다고 봐야 한다. 순수 자기 재산이 눈앞에서 사라진다고 생각해 보라.

순진한 질문이지만, 담보대출 금액을 갚지 않을 수는 없을까? 그런 일은 절대 일어나지 않을 것이다. 매입할 때는 온갖 혜택을 받지만, 대출 금액 회수가 필요하다는 판단이 서면 은행은 조금도 피해를 보지 않을 것이다.

대출을 통해 뒤늦게 아파트를 매입한 사람들에게는 정말 분통이 터지는 일이다. 그러나 매입을 한 사람에게도 잘못은 있다. 조금만 유심히 가격 변동과 외국의 예를 검토해 보았다면, 이미 3년 전에 우리나라 아파트 가격이 일본과 미국의 부동산 가격 대폭락이 일어나던 그 가격에 형성되어 있다는 것을 알 수 있었을 것이다.

오르막이 있으면 내리막이 있다. 자본주의 경제 체제에서 투자의 결정은 전적으로 개인의 책임이라는 점을 감안하면 어디에 하소연

할 곳도 없다. 그런데도 분통이 터지고 울화가 치솟는 것은 왜일까?

정부는 부동산 가격 대폭락을 전혀 예상하지 못했단 말인가? 밀어 내기 식으로 분양을 서두른 건설사들에게는 책임이 없는 것일까? 3개월, 6개월 단위로 반등에 성공할 것이라고 하던 언론과 각종 단체 사람들은 지금 어디에서 무엇을 하고 있단 말인가?

미국과 일본의 경우 특정 지역의 부동산 가격이 상승하면 온 나라의 부동산 가격이 동반 상승하는 현상을 보여 주었다. 우리나라 역시 마찬가지다. 특히 우리나라는 다른 부동산 형태와는 달리 아파트 시장에 집중적인 공급과 투자가 이루어졌다. 가격 상승을 주도한 것도 아파트다.

우리나라 대표 부동산은 누가 뭐라고 해도 아파트다. 아파트 시장의 가격 등락에 따라 거의 모든 부동산이 함께 움직인다. 이것은 좁은 국토라는 태생적인 한계에다가 지나친 인구의 도시 집중, 수도권 인구 과밀화가 부른 어쩔 수 없는 현상이다.

결국 아파트가 열쇠를 쥐고 있다고 해도 과언이 아니다. 지금 벌어지고 있는 아파트 가격 하락을 불안한 시선으로 바라보는 것도 이 때문이리라.

아파트 가격 하락이 피할 수 없는 필연적인 것이라면 최소한 대비책은 마련할 수 있는 여유가 필요하다. 이것은 그동안 아파트 가격의 기형적인 급속 상승에 반감을 가진 사람이나 아파트 투자를 통해 재산 증식을 꾀하던 사람들 모두 마찬가지다. 여기에 뒤늦게 아파트를 매입한 사람들의 초조감은 이루 말로 다할 수 없을 것이다.

1개월 하락 폭이 0.05%라고 우습게 볼 일이 아니다. 복리 이자를 계산하는 방식으로 하락폭을 계산하면 돌이킬 수 없는 상태로 치닫고 있다는 것을 알 수 있다. 결정을 후회해도 이미 늦은 일이다. 갈아타려고 해도 갈아탈 곳이 없다. 가격 하락은 이미 대세로 굳어진 느낌이다.

사실은 갈아탈 수도 없는 형편이다. 매매가 이루어지지 않는 상태에서 입주할 때의 가격을 보존하면서 다른 부동산으로 갈아탈 방법이 없다. 이때 발목을 붙잡는 것이 담보대출이다. 이 점은 일본의 부동산 버블 붕괴나 미국의 서브프라임 모기지 사태와 조금도 다를 것이 없다.

우리들의 바람과는 달리 시장은 반대 방향으로 흘러가고 있다. 그럼에도 불구하고 우리는 희망을 잃지 않는다. 언젠가는 반등에 성공할 것이라는 믿음이다. 그리하여 지금까지 손해 본 것을 만회할 수 있을 것이라는 기대를 가지고 있다.

그러나 과연 그런 날이 올 수 있을까?

지금부터 우리는, 우리가 처한 상황을 냉정하게 평가하고 판단해야 한다. 그래야만 길도 보인다. 무조건 비관하는 것도 나쁜 것이지만 손 놓고 앉아서 좋아지기만을 기대하는 것은 더 어리석은 짓이다.

• 맹목적인 믿음이 부른 결과

투자의 귀재는 따로 있다?

투자하는 방법은 별도로 타고난 사람이나 많이 배운 사람들이나 하는 것이다?

모두 틀린 말이다. 투자는 별것이 아니다. 누구나 투자를 할 수 있고, 투자에 성공할 수 있다. 문제는 투자 대상의 가치 판단과 타이밍이다.

투자를 잘하는 방법은 무엇일까? 대답은 아주 간단하다. 제일 낮은 가격일 때 사서 제일 높은 가격을 형성할 때 파는 것이다. 참 쉽다. 이것은 경제에 대해서 지식이 없는 어린아이라도 알고 있는 방법이다.

우리들은 경제를 배운 적이 없는 어린아이도 알고 있는 투자 방법을 모르고 있었다. 아니, 모르고 있었다기보다는 무시했다. 왜?

대상이 아파트였기 때문이다. 설마 아파트 가격이 떨어지랴? 세상이 두 쪽이 나도 아파트 가격만은 안전할 것이라고 생각했다. 사실 조금만 주의를 기울이면 의심할 수 있었다.

'2000년대 하반기까지 아파트 가격은 외환위기 당시 잠깐을 제외하고는 끊임없이 올랐다. 과연 이 상승세가 앞으로도 계속될 수 있을까?'

'지금의 아파트 가격이 정상적일까?'

'가격이 하락한다면 언제부터일까? 어디가 고점일까?'

당연히 의심했어야 했다. 더군다나 일본과 미국의 부동산 가격 대폭락에 대해 풍문으로라도 들어본 사람이라면 당연히 한 번쯤은 생각해 봤어야 했다.

그러나 대다수 많은 사람들은 그렇게 하지 않았다. 사람들은 아파트 불패론과 부동산은 사두면 돈이 된다는 말만 믿었다. 그리고 그 결과는 지금 드러나고 있다. 문제는 지금은 시작일 뿐이라는 점이다.

이렇게 되기까지는 언론도 한몫 단단히 했다. 언론에서는 재건축에 따른 아파트 멸실률을 이야기했다. 그리고 향후 2~3년 안에 1980년대 말과 같이 주택부족 현상이 도래할 것이라고 말했다.

이 두 가지 사안은 필연적이며, 절대적인 아파트 가격 상승 요인이었다. 그래서인지 아파트 매입을 결정한 사람들은 가격 하락, 자신의 재산 가치가 하락할 것이라는 생각은 꿈에도 하지 않았다.

물론 그중에는 아파트 가격 하락을 점치는 사람들도 있었다. 지금 와서 그 이야기들을 다시 읽어보면 하나같이 객관적이고 근거를 갖추고 있는 글들이었다. 그러나 기존 아파트 시장이 보여 주었던 매력에 흠뻑 빠진 사람들에게 귀에 와 닿는 이야기가 아니었다. 마치 유리한 것만 듣고 부족한 점을 지적하는 이야기에는 귀를 막아버리는 식이었다.

이제는 많은 사람들이 '지속적인 아파트 가격 하락'이라는, 아파트를 매입한 사람에게는 불온한 마술사의 주문과도 같았던 이 말을 더 이상 배척하지 않는다. 눈에 보이는 것, 피부에 와 닿는 체감에서 그 말들이 사실이라는 것을 알았기 때문이다. 그러나 이미 때는 늦었다.

부채를 지지 않고 순수하게 자기 자본으로 아파트를 매입한 사람들이 입는 피해는 상대적으로 적다. 손해 금액만 감수하면 되기 때문이다. 투자(혹은 재산을 더욱 불려보겠다는 투기 목적으로 매입한 것이기에)의 책임을 지겠다는 마음을 가지면 억울해 할 이유도 없다. 그리고 그 액수에 높은 가격에 형성된 아파트를 매입할 정도면 자금 동원력을 가지고 있다는 뜻이다.

문제는 '내 집 마련' 소원을 이루기 위해 얼마 안 되는 자기 자본에 아파트를 담보로 잔뜩 대출을 받은 사람들이다. 그런 사람들에게 아파트 매입에 들어간 돈은 전 재산이다. 물론 이런 생각에 아파트를 매입한 사람들은 순수 주거 목적으로 매입했다고 봐야 한다.

그와 같은 사람들에게 아파트 가격 하락은 충격 그 이상이다. 어쩌면 하루하루가 고통의 연속일 것이다. 수입으로 담보대출 받은 금액의 이자와 원리금을 상환할 수 있다면 다행이다. 그러나 우리 주변에서 쉽게 보는 것처럼, 한 달 수입의 대부분을 담보대출 이자와 원리금 상환에 사용하는 사람들이 대부분이다. 하우스 푸어를 다시 들먹일 수밖에 없다.

서울시 산하 시정개발연구원 조사를 보자. 조사 결과에 따르면 서울 가구의 70%가량이 자기 소유의 집을 가지고 있는 것으로 되어 있다. 이 정도면 거의 주택보급률이 완성 단계에 이르렀다고 보아도 무방할 것이다.

그런데 그 알맹이를 보면 문제가 심각해진다. 자기 소유의 집이 있지만 이 중 31.4%는 은행에 주택을 담보로 대출을 받은 것으로 드러난다. 담보대출 평균 금액은 1억 9천만 원 정도로 조사되었다.

1억 9천만 원. 한 달 수입으로 충분히 상환하면서 생활에 불편을 느끼지 않는 사람도 있을 것이다. 그러나 평생 '내 집 마련', '서울에 아파트 한 채'를 가지려고 고군분투한 사람들에게는 벅찬 돈이다.

지금의 은행 대출 금리로 계산해도 한 달에 은행에만 나가야 하는 돈이 얼마인가? 그렇다고 몇 년 안에 끝날 수 있는 대출금 상환도 아니다. 마음 같아서야 당장에 갚고 싶지만 갚을 돈이 없다.

결국 매달 수입에서 갚아 나가야만 한다. 자기 소유의 집을 경매 등으로 잃지 않기 위해서는 몇 십 년을 그렇게 살아야 한다. 여기에 전반적인 부동산, 특히 아파트 가격 하락으로 재산 가치가 줄어들면서 담보대출을 받은 '내 집'은 애물단지가 되고 말았다. 언제까지나 아파트 가격이 상승세를 지속할 것이라고 믿었던 '순진한 사람'이 감당하기에는 너무 큰 부담이다.

문제는 개인의 재산 가치 하락으로만 이어지는 게 아니라는 점에 있다. 아파트 가격 하락으로 인한 재산 가치 하락과 미래에 대한 불확실성, 월세를 사는 것과 마찬가지인 생활은 당연한 수순으로 소비를 줄이게 되어 있다.

소비를 줄이면 내수시장이 위축되는 것은 당연하다. 내수시장이 위축되면 경제 전체에 악영향을 미칠 뿐만 아니라 그렇지 않아도 대기업 중심, 대외 의존도가 높은 우리나라 경제를 더욱 왜곡되게 만든다.

이미 아파트 시장에서 건질 것은 다 건지고 떠난 투기꾼들이 남겨놓은 상처는 이토록 크다. 부동산, 특히 아파트 시장은 재산 증식은 물론 투자 대상으로서의 가치를 잃었다고 보기 때문이다. 그리고 매입에 나서야 할 젊은 층들이 변하고 있다.

• 생활 패턴이 달라졌다

사람들은 말한다.

"내수시장이 회복되면 아파트 시장도 살아날 것이다."

"지금은 아파트 가격 폭락기가 아니라 일시적인 조정기다."

"조만간 아파트 가격은 저점을 찍고 반등에 성공할 것이다."

부동산에 일가견이 있다고 자부하는 사람들이 하는 말이다. 일부 언론에서 그럴듯한 수치를 내세우며 하는 말이기도 하다. 그러나 이렇게 말하는 사람들에게서 필자는 치명적인 논리적 약점을 발견한다.

19세기, 영국과 청나라의 전쟁이 일어난 원인은 상품 시장 확대와 은을 획득하려는 영국의 목적 때문에 발발했다. 영국은 자국의 권익을 보존하기 위해서라고 했지만 높아진 생산성으로 넘쳐나는 생산물을 소비할 곳을 찾아야 했고, 세계적으로 공통적인 가치를 인정받던 은을 탈취하려는 목적이 숨어 있었다.

18세기 식민지 전쟁은 영토 확장을 통한 자원과 식량, 인력의 안정적인 공급과 시장을 확보하기 위해서 일어났다.

20세기에 일어난 큰 전쟁들의 내막을 살펴보면 하나같이 자원과 연관되어 있다. 핵심은 원유였다. 원유는 지속 가능한 발전을 보장하는 자원이었다.

그런데 여기서 우리는 하나의 공통점을 발견할 수 있다. 18세기, 19세기, 20세기에 일어난 전쟁들은 하나같이 시장 확보와 자국의 인구 증가를 감당할 수 있는 경제 성장을 이루기 위해서 일어났다. 그렇다면 21세기, 지금은 어떤 시대인가?

21세기 들어서도 자원은 중요하다. 하지만 기술 발전과 높아진 생산력으로 자원의 중요성은 감소되고 있다. 그 대신 주요 경제 강국들은 비슷한 문제에 당면해 있다. 인구 감소, 탈가족과 탈국가주의(이데올로기로부터의 자유), 개인의 자유 신장과 친환경 에너지 개발 등이 그것이다.

이 중에서 부동산 시장과 가장 밀접한 것이 인구 감소다. 여기에 달라진 생활 패턴, 소비 패턴도 문제를 더욱 어렵게 만들고 있다. 과거와 같이 대량 생산하여 무한정 공급하는 시대가 지났다는 것을 뜻한다.

많이 생산하고 공급을 늘릴 수는 있다. 그것은 오히려 과거보다 더욱 쉬워졌다! 그러나 사줄 사람이 없는 이상 그것은 가치가 없다. 물론 예전과 같은 투자 가치나 재산 증식 수단으로서의 지위도 내놓아야 한다.

다른 산업은 보다 발전한 기술, 보다 높아진 생산력 그리고 새롭고 획기적인 생산품으로 소비자에게 다가갈 수 있다. 그러나 부동산은 그렇게 할 수 없다. 부동산은 아무리 변신을 한다고 해도 한계가 있을 수밖에 없다. 여기에 인구 감소와 함께 부동산 수요까지 줄어든다.

우리가 '철옹성', '불패론'을 이야기하던 부동산 시장의 현주소다.

부동산 시장이 지는 해와 같다고 할 수밖에 없는 가장 큰 이유는 인구 감소다. 현재 우리나라 가임 여성의 평균 출산율은 세계에서 끝에서 3위를 차지하고 있다. 1.25명 정도에 불과한 것으로 나타나는데, 이것은 현재의 인구조차 유지할 수 없는 수준이다.

출산율 저하가 함축하고 있는 의미는 대단히 크다. 가장 먼저 들 수 있는 것이 내수시장의 축소다. 인구가 줄면 내수시장이 축소하는 것은 지극히 당연하다. 특히 아파트 등 주거용 부동산은 전적으로 내수시장에 의존한다. 이 상태에서 내수시장이 더 축소된다면 어떻게 될까?

답은 나와 있다. 앞으로 부동산과 아파트 시장은 더욱 축소되면 축소되지 늘어나지는 않을 것이다. 우리보다 앞서 부동산 가격 대폭락을 경험한 미국과 일본의 경우를 보면 인구 구성과 아파트 시장의 함수 관계를 보다 정확하게 알 수 있다.

이른바 '베이비붐(baby boom)' 세대가 있다. 보통 베이비붐 세대는 전쟁 혹은 당시 사회적인 현상으로 신생아들이 폭발적으로 늘어난 시기를 말한다. 미국에서는 제2차 세계대전 이후인 1940년대 중반부터 1950년대 중반에 태어난 세대를 지칭한다. 일본은 그보다 조금 늦어서 전후 복구가 마무리되고 경제 성장을 하기 시작한 1950년대 중반 이후에 태어난 세대를 말한다. 우리나라에서는 전쟁이 끝나고 혼란기가 수습된 1950년대 후반에서 1970년대 초반까지 태어난 세대가 베이비붐 세대들이다.

여기서 주목할 점이 있다. 일본의 경우, 부동산 버블 붕괴 시점과 베이비붐 세대가 경제활동에서 물러나는 시기와 일치한다. 그것이 1990년대 초반이다.

일본의 경우 베이비붐 세대 은퇴 시기가 앞서는 것은 평생 고용을 원칙으로 하되 비교적 빠른 은퇴 시기, 은퇴 후 재취업 기회 상실 등이 주된 이유라고 할 수 있다.

반면 미국과 유럽은 베이비붐 세대 은퇴 시기가 일본보다는 상대적으로 10년 정도 늦다. 그러나 두 가지 경우에서 공통점은 있다. 바로 베이비붐 세대의 은퇴 시기와 부동산 가격 대폭락 시기가 일치한다는 점이다. 우연이라고 하기에는 뭐라 말할 수 없을 만큼 정확하게 일치한다.

우리나라는 어떤가? 우리나라 베이비붐 세대들은 다른 나라들에 비해서 일찍 은퇴했다. 1997년부터 시작된 외환위기, 효율을 강조하는 기업 문화 등이 주요 원인일 것이다. 어쨌든 우리나라 베이비붐 세대의 은퇴는 미국, 유럽, 일본 등에 비해서 5년에서 10년 정도 앞서 진행되었다.

베이비붐 막차 세대라고 할 수 있는 60년대 중반에서 70년대 전반기에 태어난 세대들이 본격적인 은퇴를 앞둔 시기다. 은퇴를 한다고 해서 경제활동을 포기하지는 않을 것이다. 가족 구성원을 보더라도 직장에서의 은퇴이지 경제생활을 그만둘 처지가 아니다.

그들이 기댈 곳은 어디인가? 대폭 줄어든 수입을 감수하면서 살아가든지, 아니면 자영업 진출을 선택할 것이다. 그때 이 세대들이 눈길을 주는 것은 바로 집이다. 주택의 수요와 공급 균형이 무너질 수밖에 없는 사회학적 구조인 셈이다.

• 아파트 시장과 고령화의 의미

일본, 미국과 유럽의 경우에서 보는 것처럼 우리나라도 급속하게 고령화 시대로 진입하고 있다. 고령화 시대는 단지 나이만을 염두에 둔 명칭이 아니다. 그보다 더 넓은 광의의 개념으로 고령화 시대는 스스로 생계를 해결할 수단을 갖지 못하고 연금 등 사회안전보장망이나 자식들의 부양을 통해 생계를 꾸려 나간다는 의미도 포함되어 있다.

고령화 시대에 접어든 나라에서, 생산력도 없고 생산수단을 가지고 있지 못한 사람들의 선택은 무엇일까? 우리가 익히 알고 있는 것처럼 연금만으로 과거와 같은 생활을 영위하는 것은 거의 불가능하다. 자식 양육과 같은 부담이 없더라도 말이다.

그렇다면 그 세대들이 취할 수 있는 방법은 무엇일까? 평생 '자기집'을 갖기 위해 노력했던 그 세대들은 노후 생활비용이 필요하다. 여기에 더하여 의료비용까지 발생한다면 애지중지하던 제일가는 재산, 즉 자기 집을 매물로 내놓을 수밖에 없다.

여기에 한 가지를 더하자. 수입 수단으로 가지고 있던 아파트(부동산)가 오히려 여유 있는 생활을 방해하는 요인이 될 수도 있다. 한 가구에 많아야 2인, 아니면 1인이 사는 아파트가 돈을 잡아먹는 하마로 변신한 것이다. 한 달에 지출해야 하는 관리비, 각종 공과금 등을 생각하면 그 사실은 더욱 분명해진다.

따라서 매물은 상대적으로 증가할 수밖에 없다. 매물이 아무리 많아도 살 사람이 있다면 걱정할 필요가 없다. 그러나 불행하게도 우리 현실은 그와는 정반대다.

지금까지 우리나라 인구 구성의 특징에 대해 살펴보았다. 살펴본 것처럼 아파트 매입에 가장 왕성한 의욕을 가지고 있어야 할 30대 인구는 급격하게 줄어들고 있다. 그것뿐인가! 내 집이 필요하다는 인식을 가지고 있는 30대 후반, 40대와는 가치 기준이 전혀 다른 20대 인구 역시 줄어들고 있다.

산아제한의 탓이라고 하기에는 지출해야 할 몫이 너무 크다. 결론적으로 말하면 실수요자는 물론이고 잠재적 수요자들까지 급격하게 줄어들고 있다는 것을 알 수 있다.

노후자금 마련 등을 목적으로 매물은 늘어나고 수요자는 줄어드는 형편이다. 지금까지 수요자가 줄어들고 공급은 넘쳐나는데 그 상품의 가치나 가격이 상승한다는 말을 들어본 적이 없다. 이것은 자본주의 시장경제의 원리이자 변하지 않는 공식이다.

그런데 아파트 가격이 반등할 것이라고 한다. 반등? 순간적으로 혹은 어떤 예상하지 못했던 요인에 따라서 그런 현상이 일어날 수는 있다. 하지만 중장기적으로 보았을 때 필연적으로 아파트, 부동산 가격은 하락하게 되어 있다.

수요가 줄어드는데 어떻게 가격 유지, 혹은 반등이 가능할 것인가. 이 원칙은 필자만이 아니고 모두가 익히 잘 알고 있는 사실이다.

신생아 출생률은 1957년부터 1983년까지 세 차례 대폭 증가했다. 그중에서 첫 번째 베이비붐 세대는 1957년 이후 출생한 세대들이다. 한국전쟁의 혼란기가 어느 정도 진정되면서 태어난 세대들이라고 할 수 있다.

2010년, 첫 번째 베이비붐 세대들의 나이는 얼마인가? 대략 40대

후반에서 50대 전반에 이른다. 이들은 곧 은퇴를 앞두고 있다. 이미 은퇴한 사람들도 있을 것이다. 그런데 이들은 우리나라에서 가장 치열하게 '자기 집'을 갖기 위해 고군분투한 세대다. 사실 이 세대가 우리나라 아파트(부동산)를 가장 많이 소유하고 있다.

두 번째 베이비붐 세대인 1960년대에서 1960년대 말까지 태어난 세대들도 마찬가지다. 이들은 우리나라 인구 구성에서 가장 두터운 '항아리형' 세대들이다. 이들의 자연 연령은 2010년을 기준으로 30대 말에서 40대 중반에 이르고 있다. 가장 왕성한 경제활동을 해야 할 세대들이다.

그러나 이것은 시간 경과에 따른 인위적인 분류일 뿐이다. 이미 30대 말에서 40대 중반에 이르는 세대들은 이직을 경험했거나 강제로 은퇴당하여 다른 직장을 다니고 있는 경우가 적지 않다.

1차 베이비붐 세대와 2차 베이비붐 세대는 나이 차이일 뿐, 처해 있는 상황에서는 크게 다르지 않다. 더군다나 기업에서는 40대 중반만 되더라도 거의 '퇴물' 취급을 하는 현실이다.

우리가 처해 있는 상황은 이렇다. 그런데 경제활동에서 구석으로 밀려난 이들이 선택할 것은 무엇일까? 재취업일까? 이것이 얼마나 어려운 일인지는 익히 알고 있다. 그렇다면 이들은 자영업이나 창업 등으로 내몰릴 수밖에 없다.

창업과 자영업을 하는 것이 얼마나 어려운 일인지는 누구나 알고 있다. 성공 가능성은 젖혀 두고라도 우선 창업을 하는 것부터 쉽지 않다. 역시 문제는 돈이다. 그럴 때 이 세대들이 할 수 있는 방법은 정해져 있다. 바로 평생을 걸쳐 마련한 부동산(대부분 아파트이겠지만)을 처분하는 방법밖에 없다.

매물이 늘어날 수밖에 없는 이유다. 매물이 늘어나도 이를 소화해 줄 수 있는 시장이 형성되어 있다면 문제될 것이 없다. 그러나 사정은 그렇지 못하다.

이처럼 인구 구성 면에서 보더라도 우리나라 부동산, 아파트 시장은 앞으로 고전을 면치 못하게 되어 있다.

아직도 아니라고 한다면, 더 결정적인 사실이 있다. 바로 인식의 변화다.

● 주택 소유에 대한 인식이 변하고 있다

88만원 세대라는 말처럼 3차 베이비붐 세대는 활력을 잃은 지 오래다. 3차 베이비붐 세대에 해당하는 이들은 시장에 나오는 아파트를 매입할 능력이 없다.

이들이 부모 세대의 영향으로 '하늘 아래 적어도 내 몸 하나 뉘일 수 있는 곳은 마련해야 한다'는 신념을 갖고 있다고 하더라도 부모의 도움을 받지 않고서는 아파트를 매입할 능력이 없다. 거기에 3차 베이비붐 세대는 1차, 2차 베이비붐 세대와는 비교할 수 없을 정도로 인구 구성 비율이 낮다. 절대 인구가 적다는 것이다.

인구 감소와 인구 구성 비율에 따른 아파트(부동산) 시장 전망은 우울하다. 이제 아파트를 매입할 능력을 가진 계층은 거의 없다고 보는 것이 맞을 것이다. 이것은 자업자득의 결과이기도 하다. 필자의 윗세대는 물론이고 필자를 포함한 세대들, 바로 아래 세대들도 아파트나 부동산이 우리 모두에게 유용한 자산이자 함께 사용할 자산이라는 개념이 없었다.

아파트를 오직 투자 대상이나 재산 가치의 증식 수단으로만 보았다. 그 결과 부동산, 특히 아파트 가격에는 거품이 끼기 시작했고, 더 아래 세대들에게 아예 매입 자체를 먼 나라 이야기로 들리게 만들었다.

그들은 '자기 집'에 대한 꿈을 포기했다. 지상에 아파트 한 채 가지는 것을 동화 속에나 나오는 이야기로 여기게 되었다. 윗세대의 지나친 욕심이 잠재적인 수요층까지 사라지게 만든 것이다.

자연 연령으로 인한 고령화와 인구 감소에 따른 수요 감소로 현재 있는 아파트도 소화하기 힘든 지경에 이를 것이다. 물론 그 시기가 되면 지금의 아파트들은 노후화가 진행되어 재산 가치는 더욱 하락할 것이다. 한강의 기적을 이야기하던 아파트가 도시의 흉물로 변하게 된다는 이야기다.

인구 증감 추세와 인구 구성을 볼 때 앞으로 아파트 가격은 L자형 추세를 면하지 못할 것이다. 수직 폭락과 그 뒤에 가장 저점에서 아파트 가격이 형성될 것이다. 이것이 우리가 만든 우리의 미래다.

아파트 가격을 비관적으로 전망하는 이유는 또 있다. 이른바 88만 원 세대라고 하는, 앞으로 5~10년 뒤면 우리 사회의 주역이 될 계층의 인식 변화다.

이들은 목매는 것을 싫어한다. 정착민보다는 유목민 기질이 강한 세대들이다. 물론 물질문명의 발달이 그들의 인식과 생활을 가능하게 만들었다. 이들은 기성세대와는 판이하게 다른 인식을 보여주고 있다.

이들에게 '지상의 집 한 채'는 낡은 개념이다. 이들은 기회만 닿으면 어디든지 떠날 수 있는 세대들이다. 그런 그들에게 집은 거추장스러운 대상이다. 또한 '지상의 집 한 채'를 갖기 위해서 인생 전체를 소비할 생각은 추호도 없는 세대다. 그것에 매진하느니 차라리 자신에게 투자하는 것이 낫다고 여긴다.

하물며 저출산이나 결혼 거부까지 자연스러운 일로 받아들이는 세대들이 자신의 인생을 송두리째 희생하면서 아파트 매입을 바랄 것인가? 어림없는 이야기다. 매입 능력도 문제지만 20대와 30대 초반 세대들은 그렇게 인생을 소비하고 싶어 하지 않는다.

그들이 원하는 것은 따로 있다. 안정적인 집보다는 안정적인 일자리, 스스로 판단하기에 가치 있는 일, 자기 개발에 역점을 둘 것이다. 그것만으로도 시간과 돈이 부족하다. 그런 세대들에게 왜 집 장만을 서두르지 않느냐고 나무랄 필요도 없다.

그 세대는 영악하다. 시간이 지나면 지금은 천정부지로 올라 있는 아파트, 부동산들을 필요할 때 수월하게 빌려 사용하거나 싼 가격에 매입할 수 있다는 것을 알고 있다.

여기서 영악하다는 것은 셈법이 강하다는 것이다. 실제로 지금 아파트나 부동산을 고집하는 사람들만 그 셈법을 모르고 있다. 시간이 지나면 자연 도태가 되는 것이 사람이고, 사람 수가 줄어들수록 지금은 소중했던 것들을 아주 간단하게, 적은 비용으로 취득할 수 있다.

여기에 한 가지 더 우려되는 상황이 있다. 여성의 결혼 기피, 출산 기피와 독신 인구의 증가다. 이것은 그동안 우리들이 가치가 있다고 생각했던 아파트, 부동산의 개념을 혁명적으로 바꿔 놓을 것이다.

그 세대에게 대형 평수인가, 소형 평수인가는 문제가 아니다. 자신이 살기에 가장 적당한 평수, 살기 편안한 평수면 만족한다. 나머지는 다른 재화를 소비하는 데 사용할 것이다.

이 세대도 돈에 대한 욕망은 존재한다. 아니, 더 클 것이다. 하지만 이 세대에게 재산 증식, 투자 가치 수단으로서의 아파트는 의미가 없다. 이 세대는 부동산을 절대 가치를 지닌 투자 수단으로 생각하지 않는다. 부동산이 아니라도 재산 가치를 늘릴 수 있는 투자 대상은 넘쳐흐른다고 생각하는 세대들이다.

이래저래 시간이 흐를수록 아파트를 비롯한 부동산은 점차 매력을 잃어가고 있다. 그런데 다시 부동산 반등을 외치는 사람들은 누구인가?

• 너무 커진 아파트 가격의 거품

아파트 시장은 공포에 떨고 있다. 다만 애써 무시하고 그런 일이 일어나지 않기를 바랄 뿐이다. 그렇다고 해서 다가오는 현실이 사라질 수는 없다.

새로운 소식이 전해질 때마다 울고 웃는 일이 숱하게 일어난다. 일희일비(一喜一悲)가 따로 없다. 보다 정확하게 말하면 담보대출을 잔뜩 안고 아파트 매입에 나선 사람들이 특히 그렇다. 상승이냐, 하락이냐에 따라서 가족의 생계가 결정되기 때문이다.

이 같은 사람들의 애타는 심정을 아는지 모르는지 연일 경고음이 울린다. 각 기업의 경제연구소에서는 정도의 차이만 있을 뿐, 경고 음을 울려대기에 바쁘다. 그 의도가 정부의 활성화 대책을 유도하기 위해서든 아니면 진심으로 상투 잡은 '내 집 한 채' 시민들을 위한 것이든지 간에 확실히 지금이 위기 상황이라는 것은 누구나 인정하고 있다.

무엇이 우리를 그렇게 만드는가? 가장 믿음직했던(사실은 믿고 싶었던) 기업들의 부설 경제연구소에서도 부동산 가격 하락을 경고하고 있기 때문이다.

버블!

거품은 영원한 것이 아니다. 시간이 지나면 걷히는 것이 거품이다. 그런데 왜 사람들은 거품이라는 말만 들어도 소스라치게 놀라고 민감하게 반응하는가?

돈, 즉 자기 재산이 걸려 있는 문제이기 때문이다. 그래서 사람들은 거품 붕괴를 말하는 사람들에게도 날카로운 칼을 들이댄다. 그러나 어찌할 것인가? 이미 시장은 그 방향으로 진행되고 있는 것을.

경제연구소들의 경고를 접하면서 사람들은 생각한다. 불안 심리 자극 → 더욱더 악화되는 시장 상황 → 결국 경제연구소의 예상 적중과 신뢰 상승. 이런 식으로 생각하기 쉽다. 그런데 여기에 심각한 오해가 있다.

기업 산하의 많은 경제연구소 중에는 특정 기업(부설 기업)의 이해를 대변하는 정책을 발표하는 경우도 있다. 그러나 대부분 많은 경제연구소(그 경제연구소에서 근무하는 사람들의 능력을 보라!)는 사실을 객관적으로 판단하고 거기에 맞는 정책 방안, 혹은 경제 정책을 연구한다. 그것은 학자적인 양심과도 일맥상통한다. 그 점을 믿고 이야기해야 할 것이다.

경제 관련 연구소들이 부동산 거품 붕괴를 우려하고 있다. 그것이 사실이 아니라고 강변하는 경우는 손에 꼽을 정도다.

이 상황을 정부, 특히 관련 부처에서 실제 상황을 파악하고 있을까? 정부는 이미 파악하고 있을 것이다. 물론 아직 그 대책을 마련하지 못하고 있을 수도 있다.

하지만 대한민국 공무원들은 겉에서 보는 것처럼 그렇게 호락호락하지 않다. 이미 무엇이 문제이고 어떻게 하면 이 사태를 해결할 수 있는지 알고 있다고 생각한다. 다만, 여기에 정치 논리가 개입하면서 문제가 꼬이기 시작한다.

부동산 가격에 버블이 끼였다는 것은 누구나 알고 있는 문제다. 하루 이틀 된 문제도 아니다. 그래서 역대 모든 정권은 이 문제를 해결하기 위해서 노력했다. 하지만 결과론적으로 그 모든 노력은 실패했다.

왜 그랬을까? 답은 간단하다. 정책 입안자는 물론이고 언론을 주도하는 모든 오피니언 계층, 심지어 정부 정책에 반대하는 사람들까지 부동산 정책에 대해서 솔직하지 못했기 때문이다. 이것이 필자의 생각이다.

필자가 보기에 현재 우리나라의 부동산 시장은 누군가 바늘만 갖다 대면 '뻥' 하고 터질 수 있다. 이것이 우리의 현실이다. 감춰서 해결할 수 있다면 그것도 좋은 방법이 될 것이다. 하지만 너무 커져 버렸다. 이제는 종기를 도려내는 심정으로 부동산 문제를 바라봐야 한다.

나만 괜찮으면 된다는 심정으로 해결할 문제가 아니다. 그렇게 하기에는 너무 커져 버렸다. 이제는 대한민국 전체를 위해서 부동산 시장 문제를 해결할 것인가, 아니면 문제를 덮어두고 더 오랫동안 버텨볼 것인가 하는 문제만이 남아 있다.

● 믿고 싶지 않은 증거들

이미 우리 사회 곳곳에서 부동산 가격 붕괴를 예측하는 연구 결과와 발표가 뒤따르고 있다.

H경제연구원은 그동안 부동산, 특히 아파트 가격 상승을 뒷받침한 원인으로 다음 다섯 가지를 꼽고 있다.

1) 도시화 및 핵가족화로 인한 수요 증가

2) 실수요 계층인 30~40대 인구 증가

3) 실질소득 증가

4) 투자 수요 증가

5) 수도권 시장에서의 초과 수요 등으로 그동안 수도권 아파트
   가격 상승

이것이 H경제연구원의 분석 결과다. 이 내용은 앞에서 필자가 줄곧 우리나라 아파트 가격이 하락할 수밖에 없는 이유로 주장했던 것들과는 전혀 다른, 정반대 입장이다.

그렇다면 위와 같은 요소들이 제거되면 아파트 가격을 떠받치던 모든 요소들이 없어진단 이야기 아닌가! 다시 말해 하락세로 접어든다는 말이지 않은가! 차근차근 살펴보자.

첫 번째, 도시화 및 핵가족화로 인한 수요 증가?

우리나라에서 도시화가 이루어진 것이 언제 적 일인가? 새삼스러울 것도 없다. 1960년대 후반, 산업화 정책을 추진하면서 이루어진 인구 이동이다. 지금 그런 일은 일어나지 않는다.

여기에 덧붙여 핵가족이라니? 핵가족이 이루어진 것은 지난 1970년대 말부터 이루어진 현상이다. 핵가족화는 이미 거의 완성 단계다.

핵가족화로 아파트 가격이 지지될 것이라고 기대하는가? 지금의 아파트 가격 하락에는 그 부분까지 흡수되어 있다. 문제는 실수요 계층이 줄어들고, 매수 수요가 사라졌기 때문으로 봐야 한다. 사려고 하는 사람이 없기 때문에 팔리지도 않는 것이다. 아무리 물건을 만들어도 살 사람이 없으면 천하의 장사꾼이라도 손을 놓을 수밖에 없다.

두 번째, 실수요 계층인 30~40대 인구의 증가?

인구 증가는 수요 증가를 의미한다. 그러나 이것처럼 허무맹랑한 말도 없다. 지금의 30대, 40대가 처해 있는 상황을 보자. 물론 30대, 40대 중에는 고소득을 올리면서 추가 아파트 매입 여력을 갖추고 있는 사람들도 있다. 하지만 대다수 30대, 40대의 생활은 어떤가?

정년이 보장되지 않는 시대에 살고 있는 세대들이다. 그렇기에 언제든지 직장을 그만둘 수 있고, 직장을 그만둘 경우에 무엇을 하며 생계를 유지할지 고민하는 세대들이다. 그뿐인가? 늘어나는 사교육비 부담에 비명을 지르는 세대들이다. 다른 곳에는 한눈팔 겨를도 없는 세대라는 뜻이다.

아파트 매입은 꿈도 꾸지 못한다. 이 세대들의 공통적인 바람은 은퇴할 때까지 현재 생활이 온전히 유지되기를 바랄 뿐이다.

특히 이 세대는 본격적으로 독신, 이혼 등으로 '나 홀로 가정'이 늘어난 세대들이다. 앞으로 이런 추세는 더욱 강화되겠지만 이들은 대형 평수 아파트는 물론이고 중형 평수 아파트에도 관심이 없다. 오로지 자기 한 몸 살아가는 데 불편이 없을 정도의 아파트(혹은 주상복합)나 오피스텔이면 불편함을 느끼지 않는 세대들이다.

그 다음 세 번째로 지적한 실질소득 증가는 따로 설명할 필요도 느끼지 않는다. 누구나 알고 있는 것처럼 우리나라 가계의 실질소득은 2000년대 지나면서 줄어들면 줄어들었지 늘어나지는 않았다. 별도로 아파트 매입을 위해 자본을 축적할 여력이 없다는 뜻이다.

네 번째, 투자 수요 증가는 앞에서 말한 내용들을 감안하면 이미 사라진 개념이다. 마찬가지로 수도권에서 초과 수요가 발생한다는 것도 동의하기 어려운 대목이다. 교통 등의 발달로 수도권의 범위는 과거 우리가 알고 있던 것에 비해서 크게 확장되었다. 이것은 수도권의 초과 수요보다는 공급이 더 많아졌다는 것을 의미한다.

H경제연구원이 밝힌, 그동안 우리나라 아파트 가격 상승을 주도했던 여러 가지 주요 요인들은 모두 상실되었다. 아파트 가격 상승 요인이 사라졌다는 것은 곧 아파트 가격이 하락할 일만 기다리고 있다는 것을 뜻한다.

여러 가지 희망 섞인 기대와는 달리 우리나라 아파트 가격이 하락 추세에 접어들었다는 것은 상승 요인의 실종과도 관련이 있다.

H경제연구원은 그동안 수도권 아파트 가격 상승을 이끌었던 요인들이 사라지게 되면 장기적으로(필자가 보기에는 이미 시작되었지

만) 아파트 가격 하락을 점치고 있다.

　H경제연구원은 그동안 아파트 가격 상승을 주도했던 요인들은 사라지고 도시화의 답보 상태, 저출산으로 인한 실수요 인구 감소, 내수경제의 장기 불황과 취업인구 감소, 불안정한 고용 상태 등으로 인해 수도권의 아파트 가격은 장기적으로 하락할 것이라고 보고 있다. 이어서 그동안 우리나라 아파트 가격 상승을 주도했던 수도권의 가격 하락은 더불어 지방의 아파트 가격 하락을 가져올 것이라고 전망하고 있다.

　H경제연구원의 분석은 의미심장하다. 꼼꼼히 살펴보면 아파트 가격 상승 요인들은 사라지고 가격 하락을 부채질할 수 있는 있는 요소들만이 남았다는 이야기다. 이 비관적인 분석에 대해 그 어느 누가 '그것이 아니다' 라고 말할 수 있겠는가. 이미 그런 징조들은 우리 생활 주변 곳곳에서 포착되고 있다. 아니라고 해도 달라질 것은 없다는 뜻이다.

　우리들은 최후까지 한 가지 기대를 붙잡고 스스로에게 최면을 건다. 앞으로 좋아질 것이라고. 그러나 그 모습은 어쩐지 호랑이를 피해 하늘에서 내린 동아줄을 타고 올라가는 남매처럼 위태롭게 보인다. 아니, 사실은 위태롭다. 모든 상황이 변했는데 언제까지 정부와 관계당국의 대책에 의존할 것인가?

이 점을 알아야 한다. 관계당국은 물론이고 정부 역시 더 이상 회생 기미가 없다면 등을 돌리고 말 것이다. 그럴 일이 없다고 생각할 수도 있다. 적어도 우리나라 경제에서 부동산, 특히 아파트가 차지하는 비중을 생각하면 그렇게 생각하는 것도 무리는 아니다.

그러나 아파트 시장을 살리겠다고 국가 경제를 볼모로 잡는 짓을 할 정부는 없다. 물론 아파트 가격의 급속한 하락은 많은 사회 문제를 일으킬 것이다.

사실 어느 정부가 국가 경제를 절망적인 상황에 빠트렸다는 비난을 받고 싶어 할 것인가? 아파트 시장을 지키고자 국가 경제를 담보로 삼을 정부는 없다. 그래서도 안 된다. 과거 부동산 경제가 국가 경제의 큰 축을 담당할 때는 그럴 수도 있었다. 하지만 이제는 그런 시대가 아니다.

정부 역시 노력은 하겠지만 재생의 싹이 보이지 않을 때에는 포기할 수도 있다는 것을 잊지 말아야 한다. 소탐대실(小貪大失)의 결과가 무엇인지 우리는 지난 경험을 통해 뼈저리게 느끼고 알았기 때문이다.

• 인정해야 방법이 보인다

 가격 하락은 곧 가치 상실을 의미한다. 개인에게는 재산 감소를 뜻한다. 사실 이것은 받아들이기 힘든 이야기다. 어느 누가 자신의 재산 감소를 넋 놓고 앉아서 구경만 할 것인가.

 그러나 이것은 솔직하게 말하자면 감정의 문제다. 이미 곳곳에서 우리들이 그렇게 애지중지하던 아파트 가격 폭락을 목격할 수 있다. 그 사실을 있는 그대로 받아들이는 사람은 서둘러 다른 방법을 찾을 것이다.

 그러나 우리 주변에는 그 사실을 인정하지 못하는 사람들이 많다. 조만간 반등하여 과거의 영화를 재현할 것이라고 믿는 사람들도 있다.

 웃을 수 없는 이야기이지만, 어느 아파트 단지 부녀회에서는 자신들이 정한 가격 이하로 아파트를 매도하지 말자고 결의했다고 한다. 단순하게 결의만으로 끝난 것이 아니다.

 아파트 단지 근처 부동산에 급매물로 나온 아파트를 발견하면, 아파트 단지 전체의 이익을 보호한다는 명분으로 눈에 보이는 또는 눈에 보이지 않는 압력 행사도 서슴지 않았다고 한다. 이런 현상은 아직도 현재진행형이다.

누구에게나 재산은 소중하다. 그런데 오죽 급했으면 가격을 대폭 내려 급매물로 내놓았을 것인가. 그것은 가족들의 최소한의 생계를 유지하기 위한 몸부림이라고 봐야 한다.

그것을 막는 것은 그 가족에게 빈 몸으로 아파트를 떠나라고 강요하는 것이나 다름없다. 적어도 자본주의 경제 아래에서, 매도 매입의 자유가 허락된 이 나라에서 그것은 비양심적이고, 생존을 위협하는 행동이다.

자신이 살기 위해 다른 사람에게 희생을 강요할 수 있는 자격을 갖춘 사람은 아무도 없다. 그것은 오로지 신만이 인간에게 내릴 수 있는 권한이다.

그런 아파트 단지 주민들에게 묻고 싶다. 그런 단체 행동으로 가격 하락을 얼마나 더 막을 수 있겠는가? 단체 행동으로 아파트 가격 하락을 막을 수 있다고 보는가?

가능하지도 않고, 해 봐야 소용도 없는 짓이다. 그렇게 할 수밖에 없는 심정은 충분히 이해된다. 하지만 그런다고 해서 해결될 문제가 아니다.

산업은행 경제연구소에서 발표한 자료를 보면, 아파트 가격 하락이 이미 거스를 수 없는 대세로 굳어지고 있다는 것을 알 수 있다.

산업은행 경제연구소의 발표에 따르면, 서울의 주택구입능력지수 (HAI)가 2004년 1분기에 비해 2009년 3분기에는 20% 하락한 것으로 드러났다. 이 조사 분석 결과가 뜻하는 것은 그만큼 주택 구입으로 인한 가계 부담이 커지고 있다는 지적이다.

보다 풀어서 설명하면, 주택 특히 아파트를 매입하려고 해도 일반 가계에서는 여력이 없다는 이야기다. 실수요자는 물론이고 투자 대상으로 아파트 매입을 희망하는 가계도 '돈이 없어서' 매입을 하지 못한다는 것이다. 여기에 덧붙여 산업은행 경제연구소는 이 지경이 된 상황을 설명하고 있다.

우리나라 물가 대비 아파트 가격 상승 정도가 이미 미국과 일본의 과거 부동산 거품기의 정점 수준을 넘어섰다는 것을 밝히고 있다. 이것만이 아니다. 가구당 소득대비주택가격비율(PIR)도 미국, 일본에 비해 월등히 높다고 경고한다.

산업은행 경제연구소의 조사 분석 결과가 의미하는 것은 분명하다. 현재 우리나라 아파트 가격이 경제력 수준에 비해 지나치게 높게 형성되어 있다는 것이다.

우리나라 아파트 가격은 2002년 이후 가파르게 상승하여 선진국 주요 도시보다 높아졌다. 경제력을 감안한다면 거품이 심각한 상태라는 진단이다. 반면 실수요 연령층의 인구 감소 및 노년층 증가로 주택 구매력이 줄어들고 경기불황과 내 집 소유에 대한 가치관이 변화하면서 주택 수요는 시간이 갈수록 감소할 것이라는 전망이다.

그 끝은 어디인가? 일본과 미국이 경험한 부동산 버블 붕괴다.

● 비상등이 켜졌다

이미 비상등은 켜졌다. 이제는 피해를 최소화하면서, 다른 경제 분야를 위축시키지 않으면서 퇴각해야 한다.

필자는 앞에서 줄기차게 강조했다. 지금의 아파트 시장 상태와 앞으로의 전망에 대해서. 사실 긍정적인 요소들은 거의 없다. 일본의 부동산 버블 붕괴, 미국의 서브프라임 모기지론 사태 등을 예로 들었지만 이것은 먼 나라 이야기가 아니다. 바로 지금 우리나라 부동산 시장이 거의 닮은꼴을 하고 있기 때문이다. 실제 우리나라 부동산, 특히 아파트 시장에 다가오는 검은 그림자는 일본과 미국을 덮쳤던 그림자를 너무 많이 닮았다.

혹자는 아파트 시장이 다시 힘을 얻을 것이라고 말하지만, 그것 역시 희망찬 예측이다. 앞서 말한 것처럼 지금 가계에서는 아파트를 매입할 능력이 거의 없다. 다시 말하면, 투자 가치로 아파트를 매입하려는 세대들은 이미 아파트 시장을 떠났다. 아파트를 매입하려는 가계는 정점으로 치솟은 아파트를 매입할 능력도, 의사도 가지고 있지 않다.

더욱 시장 전망을 어둡게 하는 것은 실수요자의 감소와 잠재적인 수요자의 관계다. 실수요자가 되어야 할 세대들은 취업 불안, 고용 불안 등으로 아파트 매입은 꿈도 꾸지 못한다. 심지어 아파트 매입을 지나간 세대의 녹슨 훈장 정도로 생각한다.

지나간 세대에서는 요행히 행운을 잡을 수 있었는지 모르지만 자신들의 세대에서는 불가능하다고 여기는 것이다. 치솟은 아파트 가격이 그런 생각을 더욱 부채질한다.

'앞으로 장기적으로 나아지겠지' 하는 기대를 버릴 수밖에 없다. 저출산과 문화, 생활과 소비의 패턴 변화는 다시는 이 땅에 과거와 같은 아파트 시장이 열릴 것이라는 기대를 접게 만들기에 충분하다. 그들은 우리 세대, 지나간 세대처럼 아파트 한 채를 가지기 위해서 인생을 다 바칠 생각이 티끌만큼도 없는 세대들이다.

여기에 각 경제연구소들이 분석한 대로 우리나라의 아파트 가격은 이미 대폭락을 경험한 나라들의 수준에 근접해 있거나 넘어선 상태다.

이 상태에서 우리를 기다리고 있는 것은 무엇인가?

언급하기 싫지만 추락이다. 어느 소설의 제목처럼 추락하는 것은 정말 날개가 없을까? 하지만 무조건 추락하는 것은 누구도 바라지 않을 것이다. 추락하는 것에도 날개를 달아주고 싶다. 이것이 필자가 이 책을 의도하고 집필한 까닭이기도 하다.

문제는 연착륙이다. 경착륙은 아파트에 매달려 살던 사람들에게도 고통을 안겨주지만 그밖에 많은 사람들에게도 고통을 안겨준다. 그것만이 아니다. 국가 경제에도 악영향을 끼칠 수밖에 없다. 내수 시장 위축이라는 부메랑이 되어 다시 우리를 강타할 것이 분명하기 때문이다.

그렇다면 지금 우리에게 필요한 것은 무엇인가? 여기서부터 답을 찾아나가야 한다.

다음 장에서 필자는 퇴각할 수밖에 없는 상황을 설명할 것이다. 이어서 피해를 최소로 줄이면서 퇴각하는 방법에 대해 이야기할 것이다.

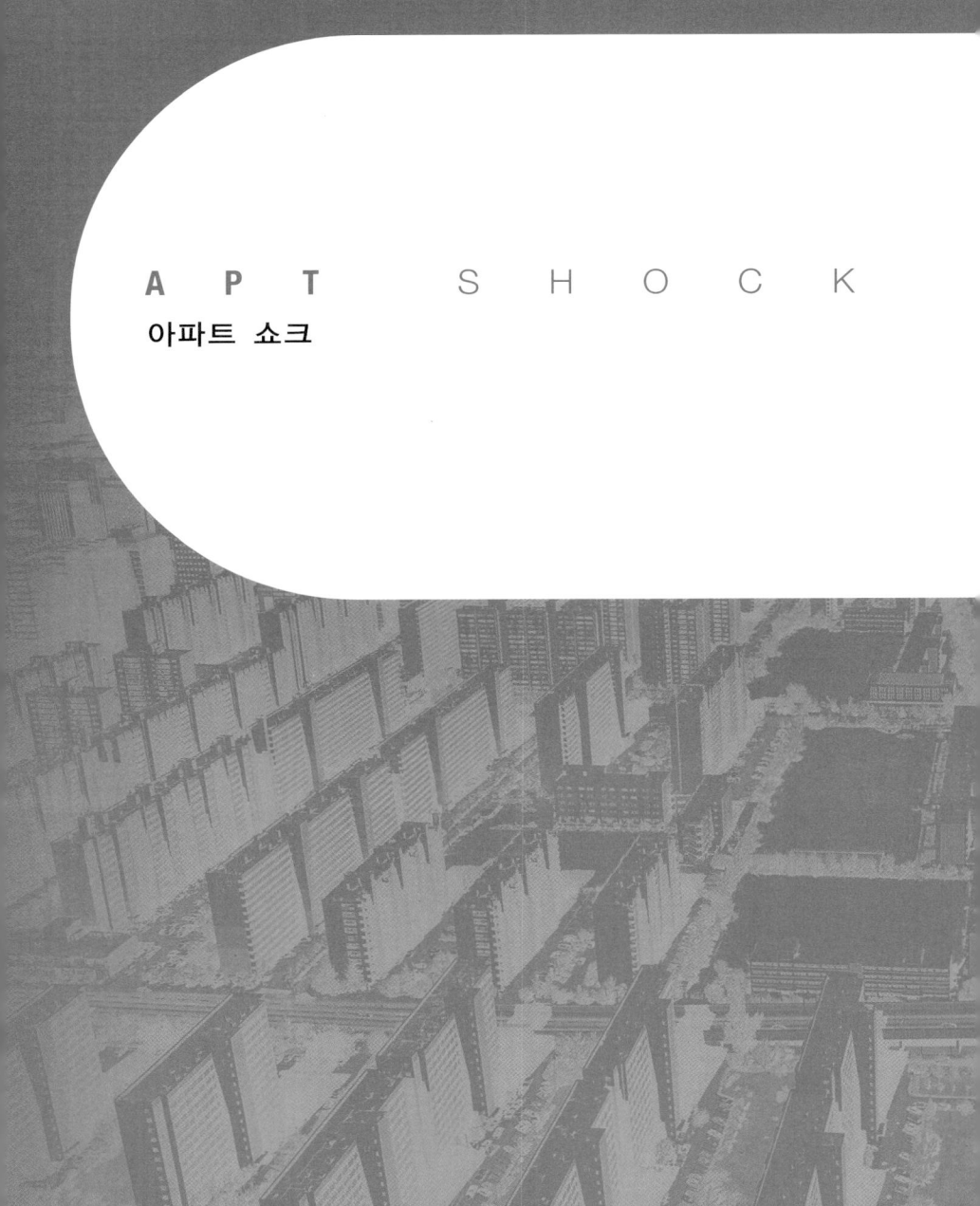

A P T   S H O C K
아파트 쇼크

Part 4 아파트 가격 폭락!
이미 시한폭탄은 작동됐다

● 곳곳에 널려 있는 깡통 아파트

깡통계좌라는 말은 수없이 들었을 것이다. 주식을 거래할 때, 증권 회사에서 빌려 투자한 돈을 제외하고 나면 남는 돈이 거의 없는 계좌 라는 뜻이다. 그런 이야기를 들을 때마다 사람들의 반응은 어땠는 가?

'차라리 부동산에 투자하지. 그러면 깡통 신세는 면할 거 아냐.'

부동산 불패론이 힘을 얻을 때까지만 해도 많은 사람들은 그렇게 생각했었다. 부동산은 환금성, 현금성이 떨어지지만 다른 투자 대상 과 달리 가격이 하락할 것이라고는 꿈도 꾸지 않았다.

그런데 그 일이 현실이 되어 나타났다. 가장 안전하다고 믿었던 부 동산, 특히 아파트가 등 돌리고 멀리 떠나가고 있다. 떠나는 것을 보면서도 이미 마음 돌아선 연인을 그저 바라보기만 하는 것처럼 아무 대책이 없다.

깡통 아파트! 부동산에서 그런 일이 일어날 수 있다는 것 자체가 믿어지지 않을 것이다. 그러나 깡통 아파트는 이미 몇 년 전부터 실체를 드러냈다. 그리고 이제는 곳곳에 깡통 아파트가 널려 있는 실정이다.

깡통 아파트는 깡통계좌와 다를 것이 없다. 아파트를 담보대출 없이 매입하여 실제 거주하는 사람들은 피해가 덜하다. 속이 쓰리지만 가격 하락을 받아들이고 인내하면 된다. 깡통 아파트가 문제가 되는 것은 두 가지 부류의 사람들이다.

첫 번째는 거주 목적으로 아파트를 매입했지만 자신의 실질소득 이상으로 담보대출을 받은 경우다. 그렇게 아파트를 매입한 사람들이 의지하는 것은 아파트 가격이 상승하여 매입할 때 받은 담보대출 금액을 넘어섰을 때다. 이것은 오히려 무리를 한 것이 전화위복이 된 경우다.

자신이 투자한 자금과 담보대출을 받은 금액을 합친 금액보다 가격 상승으로 인한 수익이 발생하면 옳은 선택이었다고 할 수 있다.

하지만 지금과 같이 아파트 가격 하락이 계속된다면 어떻게 될까? 아파트 가격이 하락했다고 하여 아파트 담보대출 금액을 줄여주거나, 이율을 낮추거나, 대출금 상환을 연장해 주는 은행은 없다.

그렇다면 결론은 나온다. 가격 하락은 곧 아파트를 매입하면서 내놓은 자신의 재산을 앉아서 까먹고 있는 형국이다. 나중에는 일정한 비율을 유지하던 자신의 투자 금액과 담보대출 금액 비율이 점점 기형적으로 바뀌게 될 것이다.

보다 심하게 말하면 자신이 투자한 금액은 몇 년 사이에 감쪽같이 사라지고 자신은 빚 덩어리 아파트에서 살게 될 수도 있다. 하우스 푸어는 이런 경우에 해당하는 말이다.

그나마 자신의 실질소득으로 담보대출 금액을 갚아나갈 수 있다면 다행이다. 만약 자신의 상환 능력을 고려하지 않고 막연히 아파트 가격이 상승하여, 아파트를 되팔아 높아진 가격의 차액만큼 재산을 불릴 생각이었다면 낭패도 이만저만이 아니다.

가지고 있던 재산은 가격 하락 폭으로 흡수되고 대출금 상환도 할 수 없는 지경에 이르면 달리 방법이 없다. 아파트를 처분당하거나 (경매) 처음 투자한 금액에서 말도 되지 않는 돈만 건지고 몸만 빠져나오는 형태가 되고 말 것이다.

철저히 개인의 판단에 따라 투자를 한 것이지만 안타까운 일이다. 더군다나 삶의 거처인 살 곳을 잃은 사람들을 어떻게 할 것인가? 사회적인 문제를 야기할 수밖에 없는 대목이라고 할 수 있다.

또 한 부류의 사람들은 순전히 아파트 가격이 상승할 것이라는 믿음을 가지고 자신의 돈 몇 푼 들이지 않고 아파트를 매입한 경우다. 이런 경우는 대개 아파트 담보대출을 최대한 많이 받고 여기에 전세 보증금을 합쳐 아파트를 매입한 경우다.

투자를 목적으로 했기에 안타까운 시선으로 볼 필요가 없다는 사람들도 있다. 그러나 부동산 투자는 무조건 투기라는 식으로 고정되어 있는 시선도 문제다. 투자와 투기는 분명하게 구분해야 한다. 저인망식으로 아파트를 싹쓸이했다던가, 거짓 개발 소문, 업자와의 결탁 등을 통해 막대한 수익을 올리고 발을 뺀 사람이라면 투기꾼이라고 불려야 마땅할 것이다.

하지만 그렇지 않은 투자자도 있다. 은퇴 이후를 생각하여, 자녀 교육을 목적으로 뒤늦게 아파트 시장에 진입한 사람들도 있다. 형태는 분명 투자 방식을 띠고 있다. 그러나 그들 역시 형편이 딱하기는 마찬가지다(이후에 전세 가격 상승과 아파트 가격 하락의 함수를 설명하겠지만).

전세 보증금을 돌려줄 여력이 없는 것이다. 계획한 대로 아파트 가격이 상승했다면 별 문제될 것이 없다. 그러나 아파트 가격이 하락하더라도 담보대출 금액과 전세 보증금은 변함이 없다.

그런 사람들의 경우 아파트 가격 하락은 재앙이다. 자칫하면 현재 살고 있는 주택을 담보로 잡혀 전세 보증금을 내놓아야만 하기 때문이다.

현재 벌어지고 있는 전세대란도 따지고 보면 여기가 진원지다. 손해를 볼 수는 없고, 그렇다고 가진 재산을 담보로 밀어 넣기에는 두렵다. 부동산 시장에 대한 확신도 없다. 그럴 때 선택할 수 있는 것은 피해 본 만큼 전세 보증금을 올리는 방법뿐이다.

● 악순환의 카테고리

아파트 가격 하락은 한 사람 개인의 문제가 아니다. 물론 투자를 결정한 사람이 책임을 져야 한다는 것은 자본주의 시장 질서에서 지극히 당연하다.

그러나 아파트 가격 거품 붕괴는 우리들이 지난번 경험했던 주식 가격 대폭락이나 신용카드 사태와는 또 다른, 엄청난 사회적인 영향을 불러온다. 그 영향은 가히 메가톤급 태풍이라고 할 수 있다.

그 태풍이 불어올 것이라는 징조는 여러 곳에서 감지되고 있다. 어느 누구는 애써 외면하고, 어느 누구는 그것을 조금이라도 늦추기 위해서 악전고투를 불사한다. 하지만 태풍을 인력으로 막을 수 없는 것처럼, 지금의 흐름도 사람들의 동요를 진정시키거나 현혹시킬 문제가 아니다.

대부분 사람들은 아파트 한 채에 거의 목숨을 걸었다고 할 정도로 절박하기 때문이다. 그래서 정확한 분석이 필요하고, 그에 따른 대책이 절실하다.

깡통 아파트의 등장은 굉장히 심각한 의미로 받아들여야 한다. 우리보다 앞서 부동산 가격 대폭락으로 머리 위에서 떨어진 폭탄을 맞은 격이 되어버린 일본과 미국의 경우를 봐도 상황의 심각함을 알 수 있다.

이미 부동산 버블 붕괴를 경험한 일본을 보자. 일본이 부동산 버블 붕괴를 당할 때인 1990년대 초반과 지금의 우리나라 상황은 매우 비슷하다. 아니, 거의 닮은꼴이라고 할 수 있다.

2010년 초 우리나라의 부동산 담보대출 총액은 약 660조 원이다. 이것을 개인의 수입과 부동산을 매입할 수 있는 능력, 즉 소득 대비 부동산 담보가치 비율로 나눠 계산하면 우리나라는 소득을 1이라고 했을 때 19.08배 수준이다.

담보가치 비율이 중요한 이유는 바로 이것이다. 평균 수입을 버는 한 사람이 수익 전부를 20년 동안 모아야 아파트 한 채를 가질 수 있다. 이것은 수익 중에서 가계에 필요한 지출을 하지 않고 오로지 아파트 구입을 위해 돈을 모았을 때 가능한 수치다.

부동산 버블 붕괴 당시 일본은 1 : 21.3이었다. 현재 우리나라와는 1년 반 정도 차이가 난다. 하지만 일본에서 부동산 거품 붕괴가 시작되던 당시 경제력과 현재 우리나라의 경제력을 비교하면 1년 반이라는 차이는 거의 의미가 없다.

실질소득과 경제력이라는 측면에서 보면 우리나라 아파트 가격은 이미 일본의 부동산 버블 붕괴 당시보다 훨씬 크고 치유할 수 없는 악성 종양으로 자라난 상태다. 이 비교만으로도 우리나라 아파트 가격의 거품 정도를 알 수 있다. 여기에 실질적인 소득 증가가 이루어지지 않는 상태에서는 언제든지 '뻥' 하고 터질 수도 있는 상태라는 것을 알 수 있다.

일본인들이 말하는 '잃어버린 20년'을 실상을 거론하지 않더라도 이 땅의 어느 누구도 부동산 가치의 급격한 하락을 바라지는 않을 것이다. 그것은 모두에게 자멸의 길이기 때문이다.

'부동산 가격 하락 → 재산가치 상실에 따른 국가경제, 특히 내수경제 위축과 슬럼화 그리고 소비 증가세 둔화 → 내수경제 악화 → 실질소득 감소 → 대외의존도 증가와 부익부 빈익빈의 증가 → 또다시 이어지는 경기 침체'의 악순환 고리를 일본의 부동산 버블 붕괴에서 목격한 까닭이다.

그러나 불행하게도 우리는 바로 이웃에 타산지석으로 삼을 수 있는 나라를 보면서도 부동산 시장에 거품이 끼는 것을 용납했다. 아니 오히려 정부가 나서서 부동산 경기 침체를 막는다는 이름으로 갖은 정책을 실시했다.

그 결과는 여실하게 증명되었다. 시장경제에서 정부가 개입하여 해결할 수 있는 것은 한계가 분명하다는 것을! 오히려 감당하지 못할 정도가 되기 전에 부동산 시장 자체 시스템에 의해 가격이 조정되었어야만 한다. 그랬으면 선의의 피해자는 막을 수 있었을 것이다.

일본이나 우리나라는 해외 의존도가 높은 나라들이다. 일본도 부동산 버블 붕괴를 막기 위해 해외에서 벌어들인 달러를 투입했다. 무려 3,500억 달러가 투입되었다고 한다. 그 점에서는 우리나라도 마찬가지다.

우리나라도 부동산 시장, 특히 아파트 가격 하락을 막기 위해 대규모 달러를 투입하고 정책도 발표하고 있다. 그러나 중요하면서 잊지 말아야 할 것이 있다. 일본은 3,500억 달러를 투입했음에도 불구하고 결국 부동산 버블 붕괴를 막지 못했다. 단언하건대 현재 우리나라는 그럴 능력도 없다.

우리나라는 주로 정부 정책으로 아파트 가격의 연착륙을 유도하고 있다. 사실 이 부분도 문제가 많다. 정부 정책은 국민을 위한 정책이어야 한다. 특히 모든 경제주체들에게 골고루 혜택이 돌아갈 수 있는 정책을 만들어야 한다.

우리나라는 그렇지 못하다. 당장 발등에 떨어진 시급한 불을 끄기 위해 아파트 가격 안정화(?)에 매달리고 있는 형편이다.

과연 정부의 개입으로 시장의 흐름이 바뀔 수 있을지도 의문이지만 상황은 그렇게 좋은 편이 아니다. 이미 많은 민간 자본은 아파트 시장을 버리고 떠났기 때문이다.

심지어 초법적인 발상이라는 것을 알면서도 공적자금을 조성해서라도 아파트 시장 살리기에 나서야 한다고 주장하는 의견도 있다. 그러나 일본은 앞서 말한 것처럼 3,500억 달러를 투자하고서도 참담한 실패를 맛보았다. 정부 개입은 8·29 부동산 대책처럼 '언 발에 오줌 누기' 식이 되어버릴 공산이 크다.

게다가 공적자금을 아파트 가격 유지에 사용하라는 공감대를 얻기는 더욱 힘들다. 부동산이라고 하면 누구나 갖고 싶어 하지만, 입에 올리는 것조차 부끄럽게 여기는 것이 우리 문화다. 부동산이라고 하면 투기부터 떠올리기 때문이다. 그 문화를 만든 것은 바로 우리 자신이지만.

건설사 지원, 미분양 아파트를 정부에서 매입하여 다른 용도로 사용하겠다는 계획, 아파트 매입 시 금리 인하 등등의 정책이 발표되지만 이미 일본이 부동산 버블 붕괴 때에 사용했지만 실패한 정책들이다. 금리 인하를 통한 가격 폭락 방지는 도리어 인플레이션이라는 부메랑이 되어 돌아올 것이 분명하다.

● 잘못된 계산, 서브프라임 모기지론 사태

미국 부동산 시장의 불행은, 지금은 자취도 찾을 수 없는 모기지론 금융에서 비롯되었다. 미국은 장기적인 경제 침체의 돌파구를 해외에서는 전쟁을 통해, 내수시장에서는 부동산을 통해 찾으려고 했다.

특히 내수시장에서는 경기 불안에 대한 우려로 지갑을 열지 않는 국민들에게 안정적인 주택을 공급하여 시장 활성화를 꾀하고 더불어 건설 경기 진작을 통해 내수 경기를 부양시키려고 했다.

그래서 등장한 것이 서브프라임 모기지론이다. 서브프라임 모기지론 제도는 주택을 구입할 수 없는 계층에게 은행권에서 주택을 담보로 돈을 빌려주고 주택을 매입한 사람은 장기적으로 이자와 원리금을 갚아 나가는 제도다.

의도만 보면 '꿩 먹고 알 먹기'식 정책이었다. 건설 경기 부양을 통해 내수 경기를 살리고, 은행은 안정적인 금융 이득을 취할 수 있다. 여기에 모기지론을 이용하여 주택을 매입한 당사자는 임대료 걱정 없이 자기 집을 가질 수 있다! 일석삼조의 효과다. 그러나 시장은 뜻한 대로 움직이지 않았다.

들여다보면 우리나라나 일본에서 시행하고 있던 주택담보대출과 별로 다를 것이 없다. 그러나 미국에서는 획기적인 제도로 받아들여졌다.

애당초 미국인들은 극소수 부유층을 제외하고는 '자기 집'이라는 인식이 약했다. 부유층과 중산층에서도 상층에 속한 사람들을 제외한 대부분의 미국인들은 비싼 돈을 들여 집을 마련하는 것보다는 월세가 대중화된 주거 양식이었다. 자연 생활을 선호하는 일부 사람들만이 스스로 집을 짓고 생활을 하는 식이었다.

그러나 미국에서도 대도시 위주로 생활권이 형성되면서 주택 문제가 불거졌다. 서브프라임 모기지론은 그런 사회 현상에 착안하여 도입된 제도다. 그런데 그 제도에 문제가 발생했다. '사태'라는 말을 붙일 만큼 미국 사회, 미국 경제를 뒤흔들어 놓은 일이 일어난 것이다.

서브프라임 모기지론이 시작되면서 미국인들은 전례 없이 주택 구입에 열을 올렸다. 이미 주택을 소유한 사람들은 투자 목적으로, 주택을 소유하지 못한 사람들은 월세를 내고 사느니 차라리 내 집을 갖겠다는 생각으로 시작된 열풍이었다.

그것이 화근이었다. 미국 정부에서 예상한 것만큼 경제는 호전되지 않았고, 미국인들의 실질소득도 제자리걸음을 계속했다. 오르는 물가를 생각하면 오히려 실질소득은 감소하는 형편이었다.

더군다나 미국인들의 뿌리 깊은 유랑 생활(주로 직장에 의한 것이기는 하지만) 습성에다가 구매 여력을 가진 미국의 젊은 세대들은 살 집에 많은 돈을 투자하고 싶은 생각이 없었다. 그들은 주택 구입에 인생을 소비하기보다는 자기가 하고 싶은 일을 하면서 인생을 즐기고 싶어 했다.

미국의 서브프라임 모기지론 사태가 발생한 것은 바로 이런 이유 때문이었다. 소유보다는 실용을 중시하는 미국인들의 습성을 잘못 이해한 것이다. 여기에 2000년대 들어서면서 미국 경제가 갈수록 곤두박질친 것도 단단히 한몫을 거들었다.

서브프라임 모기지론을 통해 내수 진작을 하겠다는 미국 정부의 계산은 철저하게 실패로 돌아갔다. 서브프라임 모기지론을 통해 두 마리 토끼를 잡겠다던 미국 정부는 내수경기 위축과 미국인들의 생활습관 앞에서 무릎을 꿇었다.

일례로 들면 총액 5만 달러를 호가하는 아파트를 구입하여 부동산 임대업에 뛰어든 사람들은 두 가지 시련과 마주쳤다. 하나는 미국 내수경제 침체로 그 가격에 월세를 들겠다고 하는 수요가 자취를 감춘 것이다. 결국 주택 소유자는 가격을 낮추어서야 그나마 월세 입주자를 구할 수 있었다.

처음 서브프라임 모기지론을 통해 주택을 구입했던 사람들의 계산은 간단했다.

'요즘 이 정도 월세를 받고 있으니 내가 가진 돈 얼마에 모기지론을 통해 대출을 받으면 집 한 채는 내 것이 되겠지.'

어디서 많이 보았던, 익숙한 계산 방식이 아닌가! 그런데 경기 침체에 따른 수요 감소는 계산에 넣지 않았다. 그 점도 너무나도 비슷하다. 결국 투자를 하겠다고 나선 사람은 낮아진 월세 수입을 충당하기 위해 자신의 수익으로 원리금과 이자를 갚아나가야만 했다.

매매를 할 수도 없었다. 매매를 하게 되면 담보대출금을 갚기 위해 떨어진 주택 가격을 보완하기 위해 자신의 부동산을 처분해야 했다. 내수 경기 침체는 더욱 악화됐다.

모기지론을 통해 무리하게 '살 집'으로 주택을 구입한 사람들도 마찬가지였다. 장기 경기 침체와 실질소득 감소, 실업 등의 이유로 원리금과 이자를 상환할 수 없는 지경에 이른 것이다.

이들이 할 수 있는 방법은 아무것도 없었다. 은행에서 그 집을 비우라고 통보를 하고, 경매에 붙이기를 기다리는 것이었다.

내수 침체에 따른 월세 임대료 수입 감소는 부동산을 유력한 투자 수단으로 생각했던 미국인들에게 치명적인 상처를 입혔다. 여기에 그동안 미국 경제를 뒷받침하던 중산층마저 담보대출금 상환이라는, 서브프라임 모기지 사태에 휘말리면서 미국 경제는 헤어 나오기 힘든 상태에 직면하게 된다.

정부의 정책을 믿고 서브프라임 모기지론을 따랐던 미국인들은 거의 '알거지' 신세가 되었다. 그러나 이것은 빙산의 일각이다. 앞으로 더 벌어질 상황을 생각하면 인위적으로 부동산 경기 활성화를 통해 내수경기를 일으키겠다는 발상이 얼마나 심각한 것인지 알아야 한다.

이것은 미국만의 경우가 아니다. 비난 여론을 잠재우기 위해서 '정상적인 시장 질서'를 무시하고 다른 방식을 통해 위기를 극복하고자 하는 모든 사람들에 대한 경고다.

그런데 아직까지도 우리나라에서는 정부가 시장에 개입하면 모든 것이 해결될 것이라고 믿는 사람들이 있다. 그런 사람들에게 묻고 싶다. 정녕 정부의 시장 개입을 원하는가? 그것이 자본주의 시장 질서를 망치는 일인데도 불구하고 말이다.

또한 개인의 선택적인 투자를 정부에게 책임을 지우는 것은 지극히 용렬한 짓이다. 그렇다면 투자에 실패한 사람들을 모두 정부에서 책임져야 하는가? 정부는 은행이 아니다. 정부 자산은 온 국민의 것이다. 국민의 세금으로 운용되는 것이 국가다.

자신이 있다면 말해 보라. 내가 투자를 잘못했으니 국민들이 세금을 내어 투자 손실분을 막아 달라고 말이다. 그 말을 들은 국민들의 반응은 어떨까?

정부에 응석부리지 마라. 정부는 당신들만을 위한 정부가 아니다. 정부는 이 나라에 사는 모든 국민들의 세금으로 운영되는 가장 큰 기업체일 뿐이다. 이런 말을 듣지 않을까?

잊지 말아야 한다. 정부도 언제든지 부동산 시장 살리기에서 등을 돌릴 수 있다는 사실을!

● 지금까지 알고 있던 부동산 상식을 버리자

부동산 불패론을 믿는 사람들이 많이 하는 말들이 있다.

"한국 경제에서 부동산이 차지하는 위치가 얼마인데!"

"설마 정부가 부동산 시장이 붕괴되는 것을 가만 바라보고 있겠어?"

착각이다. 말한 대로 부동산 시장이 우리나라 경제에서 차지하는 비중은 무척 크다. 하지만 부동산, 특히 아파트 가격을 보존하기 위해서 정부의 능력을 쏟아 붓는다? 어림도 없는 이야기다. 그러기에는 우리나라 경제 규모가 너무 커졌고, 경제 주체도 다양해졌다.

지원을 해도 결과가 좋게 나오지 않을 거라면 아예 지원을 하지 않을 것이다. 설령 지원을 한다고 해도 국가 경제에 부담이 없을 정도다. 그러나 현재 아파트 시장은 국가의 대폭적인 지원 없이는 활성화될 기미가 보이지 않는다.

그럴수록 국가, 지방자치단체의 관심은 다른 곳으로 돌려질 수밖에 없다. 다른 곳에서 성장 동력을 찾는 것이다. 아무리 힘들다고 애원해 봐도 경제 원리는 냉철하다. 스스로 값을 높여 경제구조를 왜곡되게 만들고, 수혜자들은 모두 빠져나간 아파트 시장에 정부가 주목할 필요는 없다.

이것은 틀림없는 사실이다. 그렇지 않아도 국가 경제를 위해서 투자해야 할 곳이 얼마나 많은가?

만약 지금 아파트 시장을 되살리겠다면서 정책 우선순위를 바꾸는 것은 대단한 모험이다. 대외 의존도가 높은 우리나라 경제 현실에서 그것은 불가능한 일이다. 만약 일어난다면, 모험이자 국민적인 저항을 불러오는 길이다.

지금 아파트(부동산 포함) 가격 안정화와 지속적인 성장을 요구한다면 국민들에게서 절대 지지를 받지 못한다. 기회를 놓쳤거나 아니면 갖고 있는 자산의 부족으로 부를 충족할 기회를 놓친 사람들 역시 찬동하지 않는다.

결국 앞으로 아파트 가격은 시장에 의해 결정될 것이다. 그러나 그 시장 전망은 대단히 어둡다. 생각하지도 못했던 획기적인 일이 일어나지 않는 이상 그렇다.

아파트 가격 하락이 가져온 고통은 상상 외로 심각하다. 그리고 점차 넓어지고, 깊어지는 모습이다. 가격 반등을 말하지만, 그렇게 말하는 주장의 근거들을 보면 대단히 취약하다. 계절적인 수요 증가, 내수경기 회복, 어느 선이 적정 가격인지도 제시하지 않은 채 저점이라는 평가와 매수세가 살아날 것이라는 것을 근거로 내세운다.

그러나 정밀하게 검토해 보라. 과연 수요 계층이 얼마나 될 것인지를! 이미 매입할 능력이 있는 사람들은 다 샀다. 수요 계층이 바닥났다는 이야기다. 매수에 나서려고 해도 돈이 없어 할 수 없는 형편이라는 이야기에는 왜 귀 기울이지 않고 장밋빛 전망만 쏟아내는지 이해할 수가 없다.

그렇다면 이 고통은 얼마나 지속될 것인가? 즉 아파트 가격 하락은 언제까지 계속될 것인가?

문제는 시장이 보는 적정 가격이다. 지금의 아파트 가격 하락이 실제 가치 이상으로 떨어진 것이라고 보는가? 아니면 아직도 실제 가치와는 거리가 먼 가격대를 형성하고 있는가에 달려 있다.

실제 가치라는 말이 중요하다. 이것은 개인이 실질소득에서 필요한 생활자금을 제외하고 아파트를 매입할 수 있는가 하는 문제다. 준비한 자금이 부족하여 은행권에서 담보대출을 받는다고 하더라도 지금처럼 상환 기간이 20년 이상인 장기 대출을 받아 한곳에 머무르며 실제 거주할 수 있는 사람들이 얼마나 되는가?

10년, 20년이면 생활조건 변화나 직업 변화 등으로 피치 못하게 이주를 해야만 하는 상황에 직면하기 쉽다. 그런데 붙박이처럼 10년, 20년을 한곳에 살겠다고 자신할 사람들이 있을 것인가.

이것은 아주 심각하게 고려할 문제다. 아파트를 매입할 수 있는 새로운 수요 계층이 생기려면 앞에서 말한 문제들이 해결돼야 한다. 그러나 이 문제는 불행하게도 정책 등으로 해결할 수 있는 문제가 아니다. 내수경기, 교육환경 등 모든 것이 조정되었을 때 비로소 가능하다.

가격 대폭락이라고 아우성을 치는 지금도 잠재적인 수요 계층은 꿈쩍도 하지 않는다. 아직도 매입을 하기에는 벅찬 가격이라는 것이다.

● 문제는 아파트 가격이다

현재 하락한 아파트 가격이 실제 가치 이상으로 떨어졌다면, 아파트 매수세는 금방 살아날 것이다. 그러나 현재 상황을 보면 잠재적, 실질 수요 계층조차 아직도 실제 가치 이상으로 가격이 높다고 판단하고 있다. 굳이 증거를 대자면 아직도 매수세가 살아나지 않고 있다는 것이다.

수요자는 여러 가지 조건을 감안하여 판단한다. 단언하건대 피해를 감수하고 물건을 구입할 멍청한 소비자는 없다. 기존에 아파트를 소유하고 있는 주민들은 집단행동으로 자신들이 매입한 가격을 지키려고 하겠지만, 불필요한 몸부림이다.

이미 우리나라 아파트 가격에 실제 가치를 이야기할 수 없을 정도로 거품이 끼어 있다는 것은 다 알고 있는 사실이다. 그런데 어느 누가 매수에 나설 것인가?

기다릴 것이다. 그리고 앞에서 말한 것처럼 아파트에 대한 생각도 많이 바뀌었다. 기존에 아파트를 소유하고 있는 사람들과 정부, 건설회사, 언론사, 매매를 알선하는 중개업소 등에서 아무리 좋은 전망을 내놓는다고 하더라도 시장의 흐름은 변하지 않을 것이다.

우리나라 국민이라면 부동산 시장 흐름에 대해서는 거의 전문가 버금가는 식견을 가지고 있다. 오히려 전문가 뺨칠 정도의 수준을 가진 국민들도 많다. 그 국민들은 아파트 가격 하락을 대세라고 보고 있다. 한 번 대세라고 굳어진 흐름은 바꾸기 힘들다.

아파트 가격을 바라보는 국민들의 시각과 정부, 건설회사, 언론사, 중개업소 등에서 바라보는 시각에는 많은 차이가 있다. 심지어 정부나 기업에서 출연한 경제연구소의 전망도 믿지 않는다. 적어도 경제 정책, 비전에 관해서는 불신이 팽배해 있는 것이 사실이다.

이렇게 된 것은 정확하지 못한 전망을 내놓은 정부나 전문가 집단들의 책임이 크다. 정말 정확한 연구 결과인지 아니면 시장의 심리를 바꾸려는 시도인지는 알 수 없지만, 지금은 '불신의 시대' 다.

지난 2009년 말, 주요 기관에서 발표한 2010년 경제 전망을 보더라도 알 수 있다. 정부 출연 연구기관, 연구소와 언론에서는 2010년이 되면 부동산 가격이 소폭이라도 상승할 것이라는 연구 결과를 발표했다.

하지만 예상이 맞은 경우는 거의 없다. 2월이 되면서 부동산 시장에 대해서 긍정적인 전망을 내놓는 곳은 한 곳도 없었다.

대세는 부정적인 전망으로 바뀌었다. 산업은행 경제연구소는 아파트 시장 가격에 버블이 끼어 있다는 전망을 내놓았다. 그렇게 전망한 이유는 미분양 아파트 속출과 계속하여 대단위 단지 입주가 예정된 상태, 재건축 단지 아파트마저 급매물로 내놓는 현상을 그 원인으로 들었다.

그러나 이것은 현상적인 분석이다. 수요와 공급 측면에서만 분석한 것이다. 여기에 더 큰 이유인 사회 문화적인 흐름이 빠져 있다. 사실은 이것이 장기적으로 하락을 예상하는 가장 큰 이유인데도 말이다.

지금의 아파트 가격 하락은 이미 훨씬 이전부터 잉태되어 있었다. 2008년부터 실시된 아파트 분양가 상한제 폐지가 기름에 불을 붙이는 역할을 한 것은 사실이지만.

지금 아파트 가격 하락의 가장 큰 원인은 실수요자의 실종이다. 이 말은 이미 아파트를 매입할 수 있는 여력을 가진 계층은 모두 구입한 상태라는 것이다.

실수요자들은 사고 싶어도 살 수가 없다. 아파트 가격은 신규 실수요자들이 감당할 수 없을 만큼 치솟았다. 현재 아파트 가격이 하락하고 있다고 하지만 실수요자들은 그 가격도 감당할 수 없다는 뜻이다.

아파트를 주거 수단이 아닌, 재산 증식 수단으로 여기기 시작하면서 비롯된 결과다. 이미 아파트를 통해서 재산 증식을 이룬 투자자, 투기꾼들은 느긋하다. 아파트 한 채가 재산의 전부인 사람들과 뒤늦게 투자에 뛰어든 사람들만 발을 구를 뿐이다. 실수요자들은 지금의 아파트 가격도 버거워하면서 꿈도 꾸지 못하고 있다.

아파트 가격이 지금 이대로라면 여전히 서민들은 오르지 못할 나무를 쳐다보는 격이다. 아무리 담보대출 금액을 늘리고 대출자격 조건을 완화해도 매입에 나설 실수요자는 없다. 혹시 아파트 시장을 떠났던 자본이 돌아온다고 해도 마찬가지다. 일시적으로 가격 회복은 이룰 수 있지만 실수요자가 없는 상태에서는 허허벌판에 점포를 열고 손님이 찾아오기만을 기다리는 꼴이다. 이 상태에서는 건설회사가 아무리 좋은 아파트를 짓고, 정부가 매매 활성화 및 분양 정책을 내놓아도 백약이 무효다.

• 허공에 몇 천만 원을 깔고 앉아 있다?

아파트 가격 하락이 불러올 가장 큰 재앙은 대지 지분이다. 미국의 부동산 버블에 비해서 현재 우리나라의 부동산 버블은 더 심각하다. 만약 가격이 일시에 큰 폭으로 하락하게 된다면 어떻게 될까? 대지에 대한 권리와 건물 권리가 둘로 나눠지는 현상이 발생할 것이다.

미국은 주택 위주다. 이것은 부동산 가격 폭락에서 그나마 다행스러운 현상이었다. 주택은 집 자체의 가치와 땅의 가치로 가격이 정해진다.

그러나 우리나라 아파트, 특히 선호하는 고층 아파트일수록 실제 부동산이라고 할 수 있는 대지 지분이 거의 없다. 단지 건축물 자체만 놓고 가격이 형성된 것이다.

실제 등기부등본을 통해서 자신의 대지 지분을 확인해 보라! 아마 깜짝 놀라게 될 것이다. 겨우 몇 평에 5억~10억 원에 이르는 가격이 형성되었다고 생각해 보라.

대지 지분을 자신이 생각하는 적정 아파트 매매 가격으로 나눠 보라! 그러면 자신이 얼마나 터무니없는 짓을 하고 있는지를 깨닫게 될 것이다. 사람 몸 하나 겨우 누울 수 있는 한 평당, 적게는 몇 천만 원에서 많게는 억대까지 깔고 앉아 있는 실정이다.

그 결과를 보고서도 아파트 가격 하락이 있을 수 없는 일이라고 생각하는가? 더 추가 상승할 여지가 있다고 생각하는가? 이것은 경제학 논거를 들이대지 않아도 상식선에서 생각할 문제다.

단언컨대 그건 상식이 아니다. 지금의 아파트 가격 하락은 바로 어긋난 상식을 잡아나가는 과정일지도 모른다.

재개발 아파트도 실상은 마찬가지다. 지은 지 20년이 넘어 수명을 다한(?) 아파트라면 재개발을 추진할 것이다. 앞에서 본 것처럼 대지 지분은 거의 10여 평 안팎이다. 그런데 재건축 아파트 가격이 과연 상승하게 될까?

대단히 불합리한 경우다. 이것은 대지 지분을 극한적으로 줄이면서 아파트를 고층으로 올려 새롭게 입주하는 사람들에게 나중에 생길 리스크를 분담하자고 하는 것과 다름없다. 아니면 기존 소유주들이 대규모 출혈을 감수해야만 한다. 쉽지 않은 일이다.

그나마 고층 아파트 건설을 위해서는 용적률 제한, 동간 거리 유지 등으로 행정적인 제재를 받는다. 한때 불었던 재건축 아파트 바람이 수그러든 것도 이 때문이다. 영악해진 수요자들은 그런 위험을 감수하고 싶어 하지 않는다.

대지 지분 문제는 앞으로도 계속 분쟁의 씨앗으로 남을 것이다. 30평형 아파트에 살고 있다고 생각했는데 실상을 보니 자신이 가진 지분은 겨우 몇 평에 지나지 않는다. 나머지는 모두 허공에 떠 있는 셈이다.

　이것을 재산이라고 할 수 있을까? 가치는 지금 현재 인정받는 가격과 미래에 예상되는 수익 등에 의해서 결정된다. 그런데 눈에 보이지 않는 신기루와도 같은 가치에 투자할 사람이 있을까?

　아파트 광풍이 불 때는 별반 문제되지 않았다. 이것저것 따지지 않고 아파트에 몰렸기 때문이다. 하지만 한 걸음 뒤로 물러서 보면 아파트가 가지고 있는 맹점이 고스란히 드러난다.

　아무리 좋은 품질, 입지 조건을 갖추고 있다고 하더라도 허공에 투자할 사람은 없다. 지금까지는 그것이 가능했지만 냉정한 수요자들은 따지기 시작할 것이다. 그리고 재건축을 하면서 다른 수요자에게 대지 지분을 나눠주어 거저 얹어서 새 집을 갖겠다는 발상부터 문제이지 않을까?

　그나마 재건축을 하면서 금융비용 등을 부담할 수 없는 소유주들은 빚을 떠안느니 차라리 처분하고 싶어 한다. 이것이 재건축 바람이 잠잠해진 이유다.

● 또 다른 문제, 미분양 아파트

　아파트 가격 하락을 부채질하는 요인 중 하나는 수요와 공급의 균형이 무너진 것이다. 그리고 그 중심에 미분양 아파트가 있다. 정부의 2010년 8·29 부동산 대책은 기존 아파트 가격 하락을 막는 것 이외에도 미분양 아파트 해소라는 목표를 가지고 있었다. 그러나 대책 발표 이후에도 미분양 아파트는 줄어들지 않고 있다.

일부 지방을 중심으로 미분양 아파트 해소가 이루어지기도 했다. 하지만 아직도 거의 6만 가구 이상의 아파트가 주인을 찾지 못하고 있다. 심지어는 시장침체를 견디지 못하고 분양 홍보의 가장 유력한 수단인 모델하우스 문을 닫은 업체마저 나오고 있는 상황이다.

그것만이 아니다. 업체 중에는 계약자들에게 1차 중도금 납부 통지도 하지 않고 있는 실정이다. 계약자들이 계약을 파기할 것이 두려워서다. 1차 중도금은 고사하고 업체들은 오히려 기존 계약자들의 해지 요구 민원에 시달리고 있다.

건설업체들은 언론 지상에 분양 광고를 하고 모델하우스 오픈 등 적극적인 판촉활동을 했지만 결과는 신통치 않았다. 건설업체들은 다시 분양 시장이 활성화되기를 간절히 희망하지만 과연 그렇게 될 수 있을 것인지 어느 누구도 확신하지 못하고 있다.

누구의 책임인가? 사지 않는 사람의 책임은 아니다. 수요는 생각하지 않고 '지어만 놓으면 팔린다'는 기존의 패러다임으로 아파트 공사를 실행한 까닭이다.

친환경적인 요소를 강화하고 기존 아파트에 비해 편의 사양을 대폭 강화했지만 미분양, 적체 아파트는 해소될 기미가 보이지 않는다.

　미분양 아파트 문제는 이미 2008년부터 예상된 일이다. 건설업체의 의견을 반영하여 평당 분양가 상한제 폐지를 실시한 것이 도화선이 되었다.

　건설업체들은 '지어 놓기만 하면 팔린다'는 생각에 사로잡혀 있었다. 그러나 그 사이에 아파트 가격은 점차 하락하기 시작했다. 더 큰 문제는 수요를 예상하지 못했다는 점이다.

　업체들은 분양가 상한제 폐지로 발생할 이익만 생각했다. 과연 업체들이 예정한 금액에 맞춰 수요가 발생할 것인지에 대해서는 검토가 이루어지기나 했는지 의심을 지울 수가 없다.

　그렇지 않고서야 2010년 가을에 쏟아진 아파트 물량만 5만 가구 이상을 상회할 수 있겠는가? 그것도 한층 고급화하여 분양가를 한껏 높인 가운데 수요자를 찾고 있다. 이미 아파트 분양 시장은 적체된 상태에서 이루어진 일이다.

　이제는 출구가 보이지 않는다. 수요가 발생하지 않기 때문이다.

　일부 부동산 전문가를 자칭하는 사람들은 지금과 같은 미분양 상태가 지속되면 '건설업체 개발 포기 → 공급 물량 감소 → 자연적으로 늘어나는 수요 → 가격 상승'으로 이어질 것이기에 미분양 아파트가 많이 나온 지금이 매입 기회라고 말한다.

공급 물량 감소까지는 필자도 같은 견해를 갖고 있다. 그렇지만 자연적 수요가 늘어난다는 말에는 절대로 동의할 수 없다. 현재 가격으로 아파트를 산 뒤에 2, 3년 뒤에 수요가 늘어나서 가격이 상승한다? 도저히 현실성이 없는 이야기다.

생각해 보라. 투자 가치가 있고, 매입 여력이 있다면 지금이라도 미분양 아파트 문제는 저절로 해결된다. 하지만 지금 가격도 부담스러워하고(사실은 매입 여력이 없다고 봐야 한다!) 앞에서 이야기한 것처럼 갈수록 수요가 감소할 것이 예상되는데 2, 3년 뒤에 가격이 상승한다니, 근거 없는 꿈같은 이야기라고 할 수 있다.

수요와 공급 문제를 생각해야 한다. 공급은 수요를 예측하고 이루어져야 한다. 현재 우리 주택시장에는 투기적 가수요도 거의 고갈된 상태다. 이 상황에서 2000년대처럼 주택 가격이 높아지면 수요는 줄어들게 된다. 반면 앞서 우리가 살펴본 것처럼 공급은 지속적으로 늘어났다.

지금은 수요와 공급이 불균형을 이루고 있는 상태다. 악순환은 계속된다. 실수요자라고 하더라도 이 상태에서는 매입을 기피한다. 왜? 가격이 떨어질 것이 분명하기 때문이다.

수도권 인구 증가분(주택 수요의 기초)은 가파르게 감소하고 있다. 주택공급 물량은 최근 3년 동안 오히려 사상 최고 수준이었다. 2002년 35만 명을 넘던 수도권 인구 증가가 2009년에는 9만 명으로 감소했다. 이런 계산이라면 수도권에 주택 3만 호만 지으면 인구 증가분을 모두 수용할 수 있다.

현재 미분양 아파트 물량은 수도권 인구 증가 추세를 훨씬 상회한다. 그렇다면 미분양 아파트로 인한 적체 가구는 현재 매입 여력이 있는 사람이 사주어야만 한다.

그러나 시장은 부동산에 대해 그렇게 우호적이지 않다. 이미 신규 아파트를 매입할 수 있는 사람은 모두 매입을 마친 상태다.

수도권에서 말하는 미분양 아파트는 공급 과잉이 누적된 형태다. 한 조사에 의하면 2009년 수도권 인구 증가 가운데 신생아가 절반, 순수 전입 인구의 60%는 20대 대학생들이다. 이들이 어떻게 최소 4억, 5억 원씩 가는 수도권 아파트를 살 수 있겠는가!

그런데 일부 사람들은 2, 3년 뒤 멸실 아파트 수치를 들먹이며 가격 상승이 있을 것이라고 말한다. 분명한 공급과 수요 통계가 있는데도 불구하고 그렇게 말할 수 있는 것은 대단한 배짱이라고 할 수밖에 없다.

마케팅 용어 중 '유효 수요'라는 말이 있다. 사고자 하는 욕구(willingness)와 살 수 있는 능력(ability)을 함께 갖춰야 유효 수요다. 이 점을 잊지 말자.

이미 2006년 말부터 2009년까지 은행에서 아파트 담보대출을 받아 아파트를 살 사람들은 거의 다 샀다고 보면 된다. 지금 현재는 주택 가격을 떠받쳐 줄 유효 수요가 거의 없는 상태라고 보면 된다.

사고 싶어 하는 욕구를 가진 사람들을 모두 수요자라고 말하지만 그것은 꿈이다. 그런 사람들은 구매 욕구는 갖고 있지만 살 형편은 되지 못한다. 구매로 이어질 수 없는 것이다.

누구나 아파트를 원하지만 이미 살 만한 여력이 있는 사람은 다 샀고, 더 이상 투자 수요는 없다. 이것이 지금 우리나라 아파트 시장의 정확한 주소다.

● 아파트 가격이 상승세로 돌아설 전망은 있을까?

일부에서는 지방에서의 아파트 분양 활기와 전세 가격 상승을 이야기하면서 아파트 가격이 바닥을 치고 있다고 분석하고 있다. 과연 그럴까?

집값 상승을 주장하는 사람들은 최근 거래량 증가를 바닥 확인으로 여기면서 주택 구입을 권하고 있다. 하지만 전반적인 부동산 가격 하락을 주장하는 쪽에서는 가격 하락의 초입으로 집값이 상승하기에는 역부족이라고 주장한다.

일반적으로 한 달 평균 수도권 아파트 매매 거래량이 1만 건은 넘어야 정상적인 거래라고 본다. 그래야만 활발한 가격 거래가 이루어진다. 그러나 그동안 이루어진 주택 매매 건수를 살펴보면 이보다 훨씬 떨어진다. 이것은 아직까지 바닥에 이르지 못하고 있다는 증거다.

소득에 비해 집값은 여전히 높다. 수도권과 지방에 상당수의 미분양 아파트가 남아 있다. 이 두 가지 요인만으로도 당분간 아파트 가격이 상승세로 돌아설 것이라고 전망하기 힘들다.

현재 집값이 바닥을 다지는 과정에 있다는 의견에는 모두가 생각을 같이한다. 문제는 얼마나 더, 어느 선까지 하락할 것인가 하는 문제다.

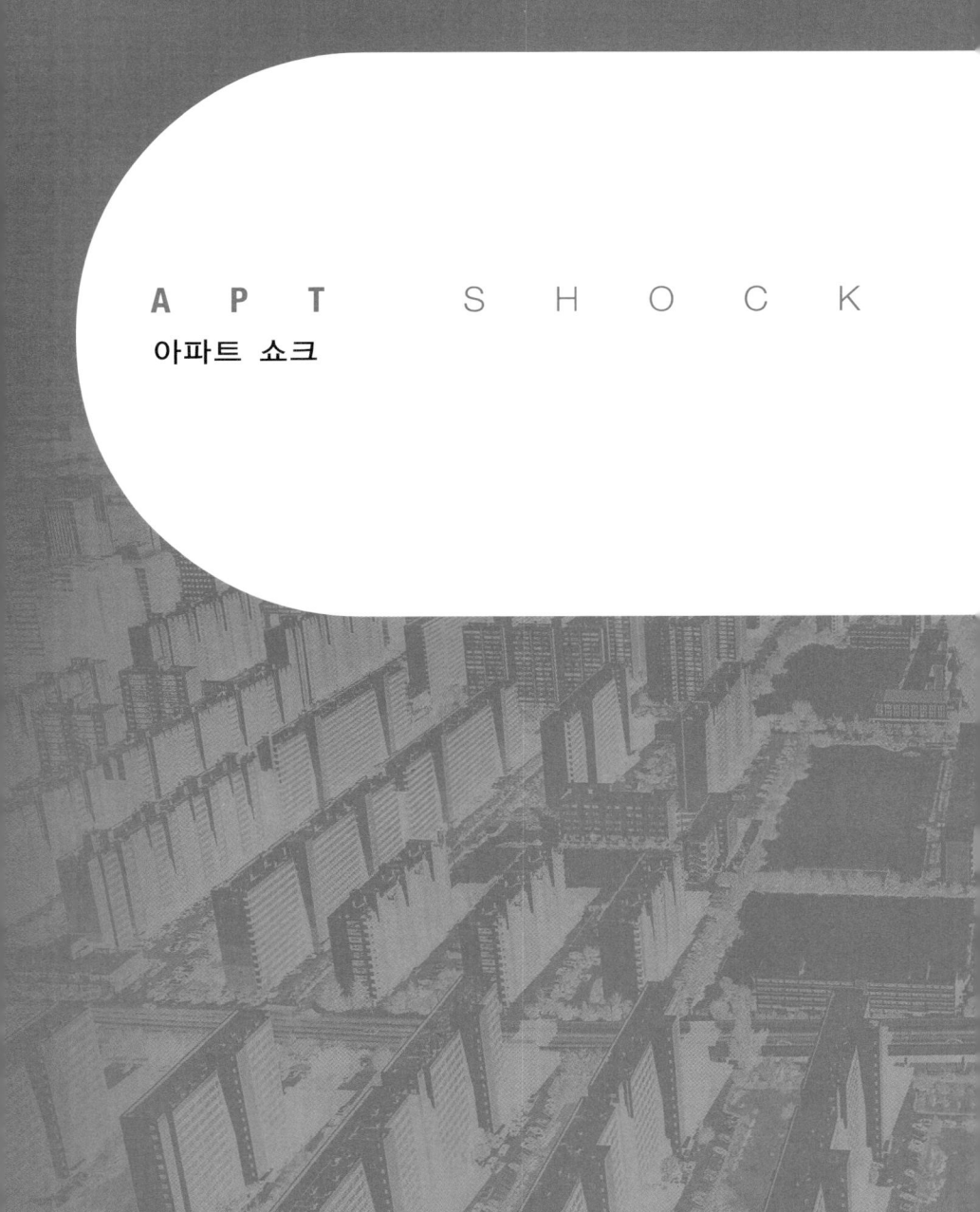

A P T S H O C K

아파트 쇼크

Part 5
아파트 비상 탈출!
아직 비상구는 열려 있다

● 아직도 마지막 대반전을 기대하는가?

인디언 서머! 이 말은 춥고 긴 겨울이 오기 전에 반짝 여름처럼 더워지는 날씨를 뜻한다. 인디언 서머는 계절의 마지막 반전 시도라고 할 수 있다.

계절만 마지막 반전을 시도하는 것이 아니다. 경제에서도 마지막 반전을 시도하는 예는 얼마든지 있다. 그 사례를 들어본다.

도매시장에서 생선을 구입해 1톤 화물차에 싣고 동네 여기저기를 돌아다니며 파는 생선장수가 있다. 그는 언제, 어떤 생선이 잘 팔릴지를 경험을 통해 알고 있다. 그가 확실한 데이터를 가지고 있는 것은 아니다. 그가 의존하는 것은 주로 경험과 도매시장에서 많이 나가는 생선을 보고 구입을 결정한다.

그의 경험에 따르면 오징어나 고등어는 한물 지나갔고 갈치로 판매 어종을 바꿔야 할 시기였다. 성수기여서 갈치를 찾는 상인들이 많기에 가격은 많이 오른 상태다. 그는 그 사실을 속속들이 꿰뚫어 보고 있었다.

그런데 지나친 욕심이 그를 난처하게 만들었다. 새벽 일찍 가락동 시장에 나간 그는 제철이라면 만져 보지도 못할 가격에 나온 고등어와 오징어를 보게 되었다. 2, 3개월 동안 고등어와 오징어를 팔아 수입을 올렸던 그로서는 포기하기 힘든 유혹이었다.

그는 잠시 고민했다. 도매시장에 나온 가격에 구입하여 한 차분을 다 팔면 지난 일주일 동안 장사하여 얻은 수입과 비슷한 수입을 올릴 수 있었다. 고민 끝에 상인은 '운'에 맡겨 보기로 하고 고등어와 오징어를 구입했다.

그는 다른 날과 같이 확성기를 틀어 놓고 동네 구석구석 돌아다녔다. 그러나 지난 며칠 사이에 고등어와 오징어를 찾는 소비자가 눈에 띄게 줄어들었다. 그 역시 그 사실을 간파하고 얼마 전부터 고등어와 오징어를 매입하는 양을 점차 줄여나가고 있었던 참이다.

게다가 전반적인 상황도 좋지 않았다. 원산지에서 출하되는 생선 가격이 오르면서 자연히 도매가격도 올랐다. 그는 요즘 들어 녹음테이프에 가격을 녹음할 때마다 생각했었다.

'과연 이 가격을 듣고 사러 나오는 주부들이 있을까?'

화물차 앞으로 나오는 소비자도 눈에 띄게 변했다. 아무래도 사는 양이 많은 주부들은 거의 찾아보기 힘들다. 50대 주부만 하더라도 대형 마트에서 생선을 구입한다. 주로 화물차 앞으로 나오는 소비자는 낮에 집을 지키는 노인들이다. 간혹 젊은 주부도 있지만, 마트에 갈 시간이 없어서 급한 김에 생선을 사기 위해서다.

그는 이런저런 이유로 업종 전환의 필요성을 느끼고 있다. 하지만 업종을 전환하려고 해도 화물차 한 대가 전부인 그가 할 장사가 마땅치 않다.

어쨌든 화물칸에 고등어와 오징어를 듬뿍 싣고 서둘러 장사에 나섰다. 그에게는 운이 따르지 않았다. 며칠 사이에 점차 줄어들던 고등어와 오징어 수요가 오늘에 이르러서는 씻은 듯이 사라진 것이다.

하루 온종일 동네 구석 길을 돌아다녔지만 도매시장에서 가지고 나올 때의 절반도 팔지 못했다. 어느덧 해가 지고 있다. 이제 그는 결단을 내릴 시간이 되었다는 것을 안다. 지금 팔아치우지 못하면 생선은 밤사이에 음식물 쓰레기로 둔갑할 것이다.

상한 생선을 처분하는 것이 두려운 것이 아니다. 당장 내일 아침 팔러 다닐 생선을 구입할 돈이 없다. 어쩔 수 없이 그는 녹음을 다시 한다.

"말도 안 되는 가격에 고등어와 오징어를 드립니다. 고등어 세 마리, 오징어 세 마리를 단돈 이천 원에 드립니다. 지금 빨리 나와서 사 가지 않으면….”

녹음을 마친 뒤에 그는 퇴근하는 사람들이 가장 많이 내리는 버스 정류장 바로 뒤에 트럭을 세운다. 버스 기사들이 눈총을 주거나 말거나 그걸 따질 때가 아니다. 염치도 버려야 했다.

그는 트럭에서 내려 남대문 시장 옷가게 앞에서 재담을 펼쳐 보이는 사람들처럼 손발로 장단을 맞추면서 사람들의 관심을 끌기 위해 노력한다. 조금이라도 관심을 보이는 여성이라면 무작정 소매부터 잡아끌었다. 그는 ‘그 짓’을 밤 열 시가 넘도록 계속했다.

그 생선장수는 뻔히 알고 있으면서도 실수를 했다. 그가 가지고 나온 생선을 다 팔았는지는 알 길이 없다. 분명한 것은 그가 마지막 반전을 기대했다가 오히려 큰 손해를 보았다는 점이다.

이야기에 나온 상인은 건설업체일 수도 있다. 반등에 성공할 수도 있다는 기대감에 매매를 늦추거나 이번 기회에 아파트를 구입해 보면 어떨까? 하면서 아파트 매입에 관심을 가지고 있는 실수요자일 수도 있다.

분명한 것은 이 점이다. 아파트 가격이 반등할 수 있는 조건은 조금도 달라진 것이 없다. 변한 것이 있다면 심리적인 조건이다.

아파트 불패 신화를 기억하고 있는 사람들에게 지금의 아파트 가격은 최저 가격으로 보일 수도 있다. 저점을 찍었다는 일부 언론의 보도나 경험에 비춰 더 이상 가격은 떨어질 수 없고, 다시 가격이 상승하는 일만 남았다고 믿는다.

그러나 과연 그런 일이 일어날까? 소설이나 드라마 같은 대반전은 올 것인가? 만약 대반전을 기대한다면, 아파트 가격 하락이 시작되던 시점을 되돌려 생각해 보자. 과연 그때와 지금을 비교하면, 하락 요인은 모두 사라지고 상승 요인만 남았는가?

자신의 재산이 걸린 문제이기에 신중에 신중을 기해야 한다. '모든 사람들이 같은 생각을 가지고 있을 것이다'라는 추측을 버리고 객관적이고 정확하게 그때와 지금을 비교해 보자.

● 거래량 증가가 가격 상승으로 이어지지는 않는다

서울 시내 아파트 곳곳에 눈에 띄는 전단지가 붙어 있다. 문구 내용은 다르지만 내용은 이것이다.

주민 여러분! 우리의 소중한 아파트를 지킵시다. 급매물로 싼 가격에 아파트를 내놓으면 아파트 가격이 거기에 맞춰 떨어지고, 이것은 ○○아파트 전체의 가격 하락을 가져옵니다.

우리 ○○아파트 부녀회에서는 이런 일이 일어나지 않도록 주민 여러분들의 협조를 구하며, 만약 부녀회가 정한 가격 이하에 아파트를 내놓으면 총력을 다해 그 매매를 저지할 것입니다.

대충 이런 내용들이다. 개인의 재산권 행사를 집단의 힘으로 막겠다는 발상도 참으로 희한하다. 급매물을 내놓은 주민의 사정을 헤아려 보고 그런 문구를 썼는지 모를 일이다.

더 이해할 수 없는 것은 그 아파트 주민들이 똘똘 뭉쳐 가격을 사수(?)하면 아파트 가격 하락을 막을 수 있다는 사고다. 마치 홍수가 났는데 자기 집 앞에 가마니를 쌓아 놓고 '내 집은 안전하겠지'라며 안도하는 것과 다를 것이 없다.

2010년 11월 이후 아파트 거래가 늘어나고 있다. 전국에 걸쳐 유령 아파트처럼 밤에도 불을 밝히지 않던 아파트에 불이 들어오는 가구 수가 늘어났다.

모처럼 아파트 시장에 불어온 훈풍이다. 훈풍을 느낀 사람들은 이제 겨울이 가고 봄이 왔다면서 이렇게 말한다.

"지방에서부터 미분양 아파트가 해소되기 시작해 내년이면 미분양 아파트는 전부 소멸될 것이다."

"아파트 가격이 최저점인 지금이 아파트 매입 호기다."

그런데 2010년 겨울, 수도권에만 약 3만 호에 이르는 미분양 아파트가 어떻게 분양될 것인지에 대한 근거는 빠져 있다. 지금이 바닥일지도 모른다는 추정만 있을 뿐이다. 지금이 바닥이라는 유일한 근거는 늘어난 거래량이다.

2010년 11월, 전국 아파트 거래량은 신고 기준으로 53,558건이었다. 이것은 2010년 10월에 비해 29.5% 증가한 것이다. 2006~2009년 사이 11월 평균 거래량(53,402건)을 웃도는 수준이다.

전반적인 거래량 증가에도 불구하고 수도권의 사정은 나아지지 않았다. 수도권의 11월 아파트 거래는 17,455건이다. DTI 규제 완화 이후 3개월 연속 늘어난 수치다. 그러나 2006년부터 2009년까지 11월 평균 거래량인 26,520건에 비하면 34.2% 감소한 것이다.

국토해양부의 이 발표를 통해 추정하면 꼭 필요한 거래 이외에 수도권 아파트 거래는 거의 끊겼다고 보는 편이 맞다. 누구나 알고 있는 것처럼 수도권 아파트 거래와 가격은 전국 아파트 시장 전체를 합친 것보다 많다.

그렇다면 아파트 가격 반등을 외치는 것은 과연 맞는 것일까? 거래량 증가는 집값 급등으로 이어질 것이라는 주장은 맞는 것일까?

거래량 증가는 여러 가지 복합적인 요인에 의해 좌우된다. 계절과 이사철, 자녀 진학과 결혼 등 많은 요인이 있다. 보통 거래량 증가는 가격 상승으로 이어지는 것이 상식이다.

그렇다면 2010년 가을 거래량 증가가 가격 상승으로 이어졌는가? 아니다. 거래량 증가에도 불구하고 여전히 아파트 가격은 하락 곡선을 그리고 있다. 거래량 증가 때문인지 아니면 지금이 바닥이라는 기대감 때문인지는 알 수 없지만, 하락 폭이 작아졌을 뿐이다.

거래량 증가는 가격 상승의 필요조건은 될 수 있다. 하지만 충분조건은 아니다. 가격 상승에 가장 큰 영향을 미치는 거시적인 경제조건은 조금도 변한 것이 없다. 오히려 불확실성은 더욱 악화되고 있다.

거래량이 늘었다고 해서 가격 상승을 이야기하는 것은 앞뒤가 맞지 않는 논리다. 아파트 가격이 급상승하면 실수요자가 자취를 감춰 거래량은 오히려 줄어든다. 매입 시기를 늦추거나 다른 주거 형태를 매입할 것이다.

거래는 활발해지지만 가격은 더욱 떨어지는 경우도 많이 있다. 앞에서 일화로 든 생선장수의 경우다. 손해를 최소화하기 위해서 가격을 떨어뜨리고, 지금 매입하는 것이 적기라는 판단에 따라 매입을 서두른 결과다.

몇 개월 사이 일어난 거래량 증가 소식에 기대하지 말고 현실을 보자. 2010년 10월, 수도권 미분양 아파트는 15년 만에 사상 최대치를 기록했다. 수도권 미분양 아파트는 29,334가구로, 2010년 8월 이후 3개월 연속 증가했다. 1995년 12월, 34,993가구 이후 가장 많은 가구 수다.

전국적으로 미분양 아파트가 5만 호이니 수도권의 미분양 아파트 는 대략 60% 정도 수준이다. 그러나 수도권 아파트가 전체 아파트 가격에서 차지하는 비중과 전체 아파트 시장을 선도하는 입장이라 는 점을 생각하면 거래량 증가 소식이 별 의미가 없다는 것을 쉽게 발견할 수 있다.

더욱 심각한 것은 미분양 아파트 중에서 준공 시점까지도 팔리지 않아 건설업계에서는 악성으로 분류되는 '준공 후 미분양 아파트' 의 비율이 높아지고 있다는 점이다. 2010년 10월, 수도권의 준공 후 미분양 아파트는 9,020가구로 2009년 12월(2,881가구)과 비교했 을 때 213.1%나 증가한 수치다.

아직 공급 물량도 해소되지 않은 상태에서 아파트 가격 바닥을 운 운하는 것 자체가 이상한 일이다. 상식적으로 가격 등락은 수요와 공급의 차이에서 비롯되는 것이 아닌가? 여기에 아파트를 매입할 수 있는 조건, 즉 경제 여건은 조금도 개선되지 않았다. 왜 이런 일이 일 어난 것인가?

거래량 증가를 가격 반등의 신호로 받아들이는 것은 마치 인디언 서머와 같은 꼴이다. 인디언 서머를 모르는 사람은 따뜻해진 날씨에

흠뻑 취해 아직 본격적인 겨울도 오지 않았는데 봄이 왔다고 주장하는 격이다. 도대체 누구를 위한 바닥론인가!

지금의 거래량 증가는 일 년 넘게 아파트 가격이 하락하면서 일부 급매물이 해소되는 과정으로 이해해야 한다. 지금이 바닥인가? 일부 급매물이 해소된다고 실수요자나 투자자가 선뜻 아파트를 매입할 것으로 보는가?

아파트의 메카 격인 서울에서도 청약이 미달되는 단지가 숱한 형편이다. 200가구 이상 공급하는 아파트에서 10명 안팎이 청약하는 경우도 숱하게 많아 이제는 뉴스거리도 되지 않는 실상이다.

앞으로 아파트 시장은 더욱 힘들어질 수도 있다. 수도권 아파트 거래량과 미분양 물량의 관계를 보면 그런 판단을 내릴 수밖에 없다. 적어도 경제학의 상식에 기초하여 판단하면 그렇다.

우리 사회의 구조적인 문제, 경제 여건, 수입으로는 감당할 수 없는 아파트 가격을 생각하면 바닥이라고 말하는 것 자체가 무리다. 아파트 가격은 현재도 여전히 부담스럽다.

• 총부채상환비율(DTI)을 완화한 진짜 이유

2010년 겨울에 들어서면서 부동산 거래 건수와 주택담보대출 규모가 가파르게 상승하고 있다. 일부에서는 이것을 보고 아파트 가격 바닥론의 근거로 내세우기도 한다.

극히 제한적이지만, 수도권 일부 지역의 거래 확대와 매매 가격 상승 추이를 확대해 이른바 '부동산 바닥론'이 확산되고 있다. 2010년 8월 말, 정부가 총부채상환비율(DTI) 규제 완화 조치를 내놓은 이후 벌어진 현상이다.

그런데 정부가 총부채상환비율을 완화한 진짜 이유는 무엇일까? 그 점을 생각해야 한다. 그 이후 시중은행 창구에는 주택담보대출 문의가 두드러지게 늘어났다고 한다. 총부채상환비율이 완화된 틈을 이용하여 집을 사려는 사람들이 늘어난 것일까?

정부가 제정신이라면 국민들에게 빚을 내서 부동산 가격을 올리라고 하지는 않을 것이다. 그러면 총부채상환비율 완화가 노린 진짜 이유는 무엇일까? 미분양에 묶인 건설업체의 숨통을 터주기 위해서다. 정부는 총부채상환비율 완화로 아파트 가격 하락 추세도 동시에 잡으려고 했다.

만약 그것이 진짜 이유가 아니라면 정부는 국민들에게 빚을 내 주택을 사도록 부추기고 있는 것이나 다를 것이 없다. 왜? 엄청난 재앙이 불가피한 아파트 가격 하락, 다시 말해 부동산 거품이 꺼지는 것을 막기 위해서 국민들에게 호주머니를 털라고 유도하는 것이다.

순진한 국민들은 주택담보대출을 받아 자신의 재산 가치를 상승시키려고 하고 있다. 순진한 국민이라고 했지만 사실은 조금도 순진하지 않다. 왜냐하면 지금이 아파트 가격 저점이라고 보고 이 기회에 보다 넓은 평형의 아파트에 투자하려는 사람들이 대다수이기 때문이다.

부동산도 투자 대상이다. 지금이 부동산 투자의 적기라고 생각하는 것은 개인이 판단할 몫이다. 투자 대상 선택을 했기에 책임도 전적으로 개인에게 있다. 그러나 투자 대상이 아니라 실수요자가 매입을 하기 위해 은행을 찾는다면 필자는 말리고 싶다.

의아하게 생각할 수도 있다. 그러나 주택담보대출 상황을 유심히 살펴보면 대답이 있다. 총부채상환비율 완화 이후 주택담보대출 금액을 살펴보기를 권한다. 한 달 사이에 3조 261억 원 증가했다.

2010년 10월, 예금 취급기관의 주택담보대출 금액은 350조 495억 원이다. 은행에는 총부채상환비율을 알고 싶어 하는 문의전화도 쇄도하고 있다.

실제 시장에서는 급매물이 사라지는 추세다. 더 이상 떨어지지 않을 것이라는 심리적인 저항선이 형성된 것이다. 이른바 마지노선이다.

마지노선은 제1차 세계대전 당시 프랑스군이 독일군 공격에 대비해 국경을 따라 구축한 참호를 말한다. 제1차 세계대전에서는 나름대로 독일군 진격을 저지하는 데 제 역할을 했다.

그러나 탱크 등 기계화 부대를 동원해 전격전을 펼친 제2차 세계 대전에서는 상황이 달랐다. 기계화 부대의 집중 공격을 받은 한 곳의 방어선이 무너지자, 마지노선에 투입되어 있던 프랑스군은 총 한 번 쏴보지 못하고 독일군 포로가 되었다. 프랑스는 그 한 번의 공격에 맥을 멈추고 파리를 내주고 말았다.

일본의 부동산 거품 붕괴, 미국의 서브프라임 모기지 사태 때도 같은 현상을 목격할 수 있었다. 마지막이라고 여겼던 가격대가 무너지자 그 다음에 기다리고 있던 것은 날개 없는 추락이었다. 곤두박질이다.

큰 강은 도도히 흐른다. 겉보기에는 너무나도 평온하다. 그러나 한 치 밑의 물살을 들여다보라. 물살의 흐름을 지탱하려는 물살과 거슬러 올라가려는 흐름이 거칠게 부딪친다. 때로는 그 물살들이 만나 소용돌이를 만들기도 한다. 가까스로 힘겹게 유지되고 있는 '견제의 균형'이다.

하지만 강물만 바라보는 사람에게 그 움직임이 포착될 리 없다. 그러나 한순간 물살 흐름이 틀어지는 순간에 알게 된다. 보고 듣고 하던 것이 전부가 아니었다는 것을! 그러나 이미 때는 늦었다. 한 번 다른 곳으로 물꼬가 나면 인력으로 되돌릴 수 없는 것이 물의 흐름이다.

아파트 시장을 바라보는 지금 우리들이 그런 꼴이다. 짐작하거나 알고 있었음에도 불구하고 경보를 발령하지 않는 것과 다를 것이 없다. 그 결과는 과연 어떻게 될 것인가?

늘어나는 주택담보대출 금액을 바라보며 가장 먼저 움직이는 것은 역시 금융권이다. 가만히 앉아서 자산이 사라지는 것을 바라볼 금융 종사자는 없다. 위험 수위를 파악하는 것도 금융권에서 먼저 한다.

현재 금융권은 대출 금리 인상을 기정사실화하고 있다. 리스크를 사전에 막고, 혹 리스크가 발생하더라도 인상된 금리로 피해를 최소로 줄이기 위해서다. 주택담보대출 연체율은 2010년 들어서 가파르게 상승하고 있다. 금융권은 연체 비율이 늘어날수록 대출 금리를 올릴 수밖에 없다. 은행도 기업이기에 언제까지 한국은행(정부)의 지시만 따를 수는 없다.

총부채비율 완화로 주택담보대출은 확대되었다. 그러나 주택 가격에 따른 대출 규제인 주택담보인정비율(LTV)은 60%를 유지하고 있다. 이것은 앞뒤가 맞지 않는 정책이다. 아파트 매입을 희망하지만 소득 수준은 정체된 중산층과 서민에게 빚을 내서 사라고 권하는 셈이다.

우리나라가 1인당 국민소득 2만 달러 시대에 다시 진입했다고 하지만 그것을 피부로 느끼는 사람은 얼마나 될까? 실질소득이 그 정도 된다고 느끼는 사람은 과연 얼마나 될 것인가?

주택 매입 활성화에 초점을 맞춘 대책은(개인의 판단에 따른 매입이지만) 금리라도 오르게 되면 치명적인 타격을 주게 된다. 사라고 부추기고 상황이 나빠지면 나 몰라라 뒷짐을 지겠다는 것이다.

특히 더 위험한 것은 주택담보대출이 주로 단기, 변동금리, 일시상환 방식으로 이루어져 있다는 점이다. 이것은 한국 경제를 둘러싼 경제여건 변화에 따라서는 얼마든지 공황상태에 빠질 수도 있다는 뜻이다.

지난 2002년에 벌어진 '신용카드 대란'을 통해 뼈저리게 느끼지 않았는가. 신용카드를 마구 발급해 주면서 소비를 부추겼지만 카드 사들이 위험을 느끼고 신용 조건을 강화하면서 회수에 들어갔을 때 아무도 도와주지 않았다. 하물며 정책적으로 부추긴 정부도 궁극적인 해결책은 내놓지 않았다. 그 여파는 지금도 계속되고 있다.

아파트도 마찬가지다. 아파트를 소유하고 있는 사람이나 건설업체들의 자금난을 덜어주기 위해 금융수단을 사용하라고 부추기는 것은 위험한 선택이다. 머지않아 수많은 중산층 서민들이 자신의 아파트를 경매처분해야 할지도 모른다.

• 아파트 시장의 성동격서(聲東擊西)

'내 집 마련의 적기다.'

'지금이 마지막 기회다.'

2010년이 저물어 갈 무렵, 아파트의 내일을 전망하는 기사 제목들이다. 언론은 연일 부동산 전문가 인터뷰를 통해 '집값 바닥론'과 '내 집 마련 적기'라고 아파트 매입을 권고한다. 이어서 다음 면을 보면 어김없이 집값 폭등을 예고하는 광고성 기사가 실려 있다.

여기서 기억을 되살려보자. 아파트 시장이 불처럼 일어날 때, 이런 기사들은 실리지 않았다. 오히려 지나치게 상승하는 집값 상승을 우려하는 기사들만 실렸다.

눈치 빠른 독자라면 알 것이다. 광고가 많아지고, 광고에 자극적인 문구가 등장하는 것은 그만큼 절박한 사정이라는 뜻이다. 그들은 훗날 그 광고를 보고 아파트 매입을 결정한 사람의 피해에는 관심이 없다. 지금 당장 발등에 불이 떨어진 것은 건설업체다.

정작 급한 것은 자신이지만, 그 불을 끄기 위해 끊임없이 성동격서를 올리는 것과 다를 것이 무엇인가?

앞에서 한 모든 이야기를 부정하고 앞으로 아파트 가격 상승이 예상된다는 가정 아래 하는 말이다. 그러면 아파트를 매입할 것인가?

대답은 듣지 않아도 알 수 있다. '아니요'일 것이다. 투자할 대상을 물색할 만큼 자금 여력이 없는 사람이라면 그럴 것이다. 불행하게도 아직 아파트를 자기 명의로 가지고 있지 않은 사람들은 더욱 백이면 백, 그렇게 대답할 것이다.

왜 그런가라고 묻는다면 실정을 잘 모르는 사람이라고 할 수밖에 없다. 많이 하락했다고 하지만, 현재 형성된 아파트 가격도 부담되는 정도를 벗어났다. 평범한 직장인들은 평생 한 푼도 쓰지 않고 모아도 매입할 수 없는 가격대다.

더 심각하게 불행한 사람들은 최근 몇 년 사이에 아파트 가격을 바닥이라고 판단하고 금융권에서 주택담보대출을 받아 아파트를 매입한 사람들이다. 그런 사람들에게 대출 금리는 생사를 쥐고 흔드는 문제다.

주택담보대출 금액이 늘어나면서 금융권은 경계의 눈길을 거두지 않고 있다. 금융권에서 리스크를 줄이기 위해서 할 수 있는 방법은 대출 금리를 올리는 것이다.

대출 금리가 오르면 가계는 직격탄을 맞는다. 내 집을 마련하기 위해서라면 그 정도는 감수하겠다고 자신했지만 1~2%만 올라도 가계는 금방 표시가 난다. 빚 부담이 늘어나면서 기초 생활비를 줄여야 하는 지경에 이를지도 모른다.

그렇게 해서 해결할 수 있다면 다행이다. 어느 불행한 사람들은 몇

년간 혹은 십 수 년 동안 아등바등 지켜온 아파트를 한순간에 '경매'
나 '급매물'로 내놓고 물러나는 아픔을 겪게 될지도 모른다.

대출 금리는 앞으로 오름세로 돌아설 것이 분명하다. 따라서 가계
빚 부담도 늘어날 것이다. 가계 부채의 심각성은 어제오늘의 일이
아니다.

2000년대 들어서 가계 부채 문제는 항상 뇌관이었다. 여기에 부동
산 시장 활성화를 위해 총부채 비율을 풀어버린 상황에서 주택담보
대출 금액은 눈덩이처럼 불어났다. 마치 몇 년 사이에 우리나라 재
정적자가 심각해진 것과 같다.

정부만 재정적자가 있는 것이 아니다. 가계도 재정적자를 겪는다.
정부는 재정적자를 완화하기 위해 세수 수입을 강화하는 방법이라
도 가지고 있다. 그러나 가계는 획기적인 행운이 다가오지 않는 한,
적자를 면할 방법이 없다.

가계는 물가 상승을 따라잡지 못하는 낮은 임금 인상에 자녀들이
성장할수록 지출이 늘어날 수밖에 없는 취약한 구조를 안고 있다.
여기에 주택담보대출 금리까지 인상되면 버텨낼 재간이 없다.

뒤늦게 대출 총량 관리 등의 대책을 준비 중이지만 필자 판단에는
시기를 놓친 것으로 보인다. 이미 2010년 연말을 기점으로 주택담보
대출 금액이 늘어나면서 대출 금리도 일제히 치솟았다. 현재 대출

금리 수준은 외환위기 막바지 단계의 수준이다.

주택담보대출 금리가 오르는 가운데 대출 규모도 빠른 속도로 커지는 모습이다. 이 같은 이중적인 상황은 이해하기 힘들 수도 있다. 그러나 내면을 보면 손쉽게 알 수 있다.

대출 금리가 오르면서 가계에서는 늘어나는 상환 압박을 다시 은행권에서 추가 대출을 받아 해결하고 있다. 대출 금리 상승 압박을 대출 금액을 최대한 받는 쪽으로 해결 방안을 찾고, 다시 대출 금리가 오르는 순환 흐름이다. 그러면 그 끝은 어디일까? 더 이상 대출을 받을 수 없게 된 가계의 파산이다.

부채로 인해 가계가 파산하면 소비가 급격하게 줄어들 것이다. 이것은 내수시장 악화로 이어져 이미 글로벌화된 일부 대기업을 제외한 중소기업의 줄도산으로 이어진다.

중소기업의 도산은 다시 수많은 실업 문제를 야기할 것이고 건전하던 가계의 파산, 내수시장의 파괴, 가계 파산 등 악순환의 수렁으로 빠져든다. 결국 금융권도 손을 들게 되면 더 이상 희망은 없다. 주택담보대출이야말로 아파트가 불러온 재앙이라고 하지 않을 수 없다.

결과가 눈앞에 보이는데도 불구하고 대출 금리 상승과 주택담보대출의 증가는 꺾이지 않을 것이다. 대출 금리 책정 기준인 금융회사가 발행한 채권 금리가 상승하고 자금 유치를 위해 예금 금리도 올리기 때문이다.

한국은행은 이미 2011년에 기준금리 인상을 기정사실화하고 있다. 물가 역시 잡힐 기미가 보이지 않는다. 이 모든 요소들은 대출 금리 상승으로 이어질 것이다.

시장 금리가 상승하면 금융채 금리도 오르게 되어 있다. 금융권은 가장 손쉬운 방법인 대출 금리를 인상하여 문제를 해결하려 들 것이 분명하다. 또 한 가지 방법으로 은행 등 금융권에서는 가장 확실한 주택을 담보로 대출 금액을 늘려 수익을 내려 할 것이다.

물론 정부도 가계 부채 문제의 심각성을 알고 있다. 최근 주택담보 대출 증가와 금리 상승이 가계 부채를 악화시키지 않도록 대책을 모색 중이다. 그러나 그 방법은 각 은행의 대출 총량을 규제하는 쪽으로 모아지고 있다.

여기서 생각해 보자. 부동산 경기를 살리기 위해 개인에게는 총부채비율을 풀어주면서 은행권에는 대출 총량을 규제한다는 말은 앞뒤가 맞지 않다. 더군다나 상대적으로 리스크가 적고, 만약의 상황이 벌어지더라도 담보 확보가 쉬운 주택담보대출을 줄일까? 은행의 존폐가 걸린 문제에서 양보할 것인가?

자, 이쯤 되면 지금이 어떤 상황인지 알 것이다. 이제는 탈출을 준비해야 할 때다. 가장 적절한 해답은 아파트로부터의 탈출이다.

● 먼저 자신의 상태를 정확하게 진단하자

 2010년 말, 아파트 가격 하락세가 둔화된 것은 시장의 기능에 의해
서가 아니다. 정부, 건설업체, 부동산 소유자들이 총력을 기울인 결
과다. 그러나 수도권을 제외한 지방에서의 거래량은 늘어나는 추세
지만 부동산, 특히 아파트 가격 하락 흐름은 막아내지 못했다. 여기
서 방점을 둔 것은 '총력을 기울인'이라는 말이다.

 기대 심리로 급매물을 회수하는 사람도 있을 것이다. 반등 상승의
기대 심리로 담보대출을 통해 급한 불을 끄고 이자를 내면서 버틸 작
정을 한 사람도 있을 것이다. 여기에 정부에서 철회했던 생애최초
주택 구입자금 재개, 전세자금 대출 등을 준비하고 있다는 소식은 훈
풍이다.

 그럼에도 불구하고 전반적인 가격 흐름은 하락세를 유지하고 있
다. 다른 무엇도 아닌, 아파트가 말이다.

 지금의 현상을 의아하게 생각하는 사람도 있을 것이다. 그러나 따
지고 보면 원인은 아주 간단하다. 이미 국민의 대다수를 차지하는
서민들은 감당할 수 없을 정도로 높은 아파트 가격 때문이다.

아파트를 통해 재산 증식을 이룬 사람도 있을 것이다. 그런 사람들에게 지금의 아파트 시장 추세는 관심거리가 아니다. 흔히 말하는 것처럼 등기부등본이 깨끗한, 담보 설정이 없는 아파트에서 생활하는 사람들에게도 큰 문제는 아니다.

물론 매입 당시 가격이나 최고점에서 떨어진 가격만큼 손실액을 생각하면 부아는 치밀겠지만 당장 길거리로 나앉을 일은 없다. 판단은 개인의 몫이기에 지금이 저점이라고 판단하고 매입하려 드는 사람들도 예외다. 투자에 대한 책임은 자신이 지기 때문이다. 문제는 담보대출을 받아 비싼 가격으로 아파트를 매입한 사람들이다.

손 놓고 앉아 과거와 같은 영화가 올 것이라고 기대만 하는 것은 무책임한 짓이다. 그렇다고 아파트 가격이 하락할 것이라는 두려움 때문에 일제히 급매물로 내놓는 것은 문제 해결에 도움이 되지 않는다. 오히려 더욱 안 좋은 순환 사이클에 빠져드는 격이다. 투자 여력이 있는 사람들은 물론이고 실수요자도 더 하락할 때까지 인내하며 기다릴 것이다.

그래서 출구 전략이 필요하다. 질서 있게 피해를 최소화하면서 출구를 찾아야 한다. 하지만 제대로 된 출구를 마련해 줄 사람은 아무도 없다. 순전히 개인이 판단하고 결정할 문제다.

그렇다면 어떤 사람이 출구 전략을 세워야 하는가? 이 문제가 따른다. 이것은 아주 단순하지만 아주 복잡한 구조를 가지고 있다. 일단 거시경제 흐름을 살펴야 한다. 이것은 앞에서 줄곧 아파트 가격이 하락할 수밖에 없는 구조를 이야기했기에 생략하기로 한다.

살던 아파트를 처분하기 위해서는 아파트 가격 흐름을 놓치지 말아야 한다. 이것은 기본적인 데이터를 축적하는 과정으로, 판단의 밑거름이 된다. 이 책에서는 판단의 근거들을 충분히 제공했다고 생각한다.

그 다음에는 심리적인 갈등과 싸워야 한다.

'어떻게 장만한 아파트인데?'

'지금까지 은행에 낸 이자만 해도 얼만데?'

'아파트를 떠나 다른 주거 형태에서 살아갈 수 있을까?'

'아이들 학교 문제도 있고 무엇보다 다른 사람들이 어떻게 볼 것인가? 자존심이 상해서라도 어떻게 하든지 아파트를 지키는 편이 낫지 않을까?'

이와 같은 심리적인 갈등은 쉽게 극복되지 않는다. 총부채비율이 완화되면서 주택담보대출 금액이 늘어난 것은 이와 같은 심리적인 갈등 끝에 현재의 주거 형태를 유지하기로 결정한 결과로 보인다.

그러나 심리적인 갈등 끝에 '더 이상 버티는 것은 돈만 버리는 짓'이라고 판단한 사람도 있을 것이다. 하지만 결정을 하는 과정에서 후회가 남지 않도록 면밀한 계산이 필요하다. 하지만 이 계산은 그렇게 어려운 것이 아니다.

먼저 자신이 경제생활을 할 수 있는 나이를 생각하면 된다. 배우자도 경제생활을 한다면, 배우자의 경제생활 나이까지 염두에 두면 된다.

사실 아주 운이 좋은 경우에 해당하지만, 지금 40세라면 앞으로 10년에서 15년은 더 경제생활을 할 수 있을 것이다. 그 뒤에 이어지는 경제생활은 거의 기본적인 생계를 해결하기 위한 경제생활이기에 의미가 없다.

보통 사무 근로자가 퇴사한 뒤에 같은 수준의 수입을 올리는 경우는 거의 불가능하다고 보면 된다. 우리나라 자영업은 이미 포화상태이며, 그나마 퇴직하면서 받은 자금을 유지하는 방안은 생계유지도할 수 없는 임금을 받고 재취업을 하거나 투자 금액이 크지 않은 업종에 진출하는 것이다.

이미 많은 사람들이 섣불리 자영업에 진출하기보다는 그들이 직장생활을 하는 동안 허드렛일이라고 여겼던 업종에 재취업하는 길을 선택한다. 자영업에 뛰어들었다가 그나마 가진 것을 모두 잃은 선배들을 보고 경험한 학습효과다.

여기에 현재 받는 급여를 곱하라. 여기에 이런 질문을 던질 수가 있다.

"시간이 지날수록 급여가 오르는 것은 생각하지 않나요?"

천만에! 급여는 우리가 생각하는 것만큼 오르지 않는다. 인플레이션으로 인한 상쇄 금액을 생각한다면 실질 임금은 제자리이거나 오히려 떨어질 가능성이 더 높다. 직장생활에서 좋은 결과를 얻어 임원급이 될 수 있다면 이런 계산은 불필요할 것이다.

이렇게 하면 경제생활이 가능한 햇수와 금액이 산출될 것이다. 이제부터의 계산이 중요하다. 많은 변수가 있기 때문이다.

먼저 가장 중요한 것을 생각해야 한다. 보통 우리나라 부모들은 자녀양육과 교육비를 먼저 생각할 것이다. 이때 현실을 인정해야만 옳은 계산을 할 수 있다. 우리나라 교육 현실을 감안하여 사교육비와 대학을 졸업할 때까지 드는 비용을 꼼꼼하게 계산해야 한다. 한 달한 달 고통스럽지만 무심히 지나쳤던 자녀 교육비의 총액을 보면 거의 기절할 수준의 금액이 나올 것이다.

여기에 의식주를 해결하기 위해서 지출해야 하는 비용을 한 달 평균 금액에 12개월을 곱하고 경제활동이 가능한 햇수를 곱하라. 그러면 총금액이 나올 것이다.

빠트릴 수 없는 것이 있다. 부모가 생존해 있다면, 처가를 포함하여 병원비와 장례, 부모에게 드리는 생계비 등을 책정해야 한다. 예비비용에서 가장 중요한 것은 가족 중 누군가 갑자기 아플 때 드는 병원비 등을 산정하는 것이다. 언제인지는 알 수 없지만 생로병사를 겪는 사람이기에 반드시 책정해 놓아야 할 금액이다.

이제 계산의 마지막 차례다. 부부가 정상적인 경제활동을 통해 벌어들일 수 있는 수입 총액에서 반드시 지출해야 하는 금액을 **빼면** 된다. '예상되는 총수입 – 필수 지출 비용 – 예비비용' 식으로 계산하면 얼마가 남는가?

한숨을 내쉴 수도 있다. 결코 한눈팔지 않고 살았다고 자부하는 인생인데 총수입에서 총 지출비용을 **빼고** 나면 기막히다는 말밖에 나오지 않을 것이다. 2010년 4인 가족을 기준으로 평균 임금이나 1인당 국민소득으로 따져도 도무지 처신의 폭이 적다는 것을 알게 될 것이다.

그런데 더 기막힌 현실과 마주쳐야 한다. 등기부등본이 깨끗한 아파트에 살고 있다면 그나마 다행이다. 만약 주택담보대출을 안고 있다면 또 한 번 계산해야 한다. 남은 대출금 총액에 대출 금리 8%를 더하면 얼마인가? 금리 8%는 현재의 금리 인상 움직임에 따라 은행권의 평균 금리가 그 정도 될 것이라는 예상에서 권유하는 금액이다.

금리는 보통 복리이기에 연체하면 다음에 내는 대출금과 이자가 높아진다. 그러나 정상적으로 갚아 나간다고 했을 때는 줄어든 대출 금액만큼 이자도 줄어든다. 여기서는 계산하기 편하게 매월 대출금과 이자를 정상적으로 납부한다는 가정 아래 계산하면 된다.

예상 수입 중 남은 금액에서 아파트 담보대출 금액을 **빼면** 얼마나 남는가?

이것은 예상되는 경제활동 기간 동안 갑작스럽게 일찍 퇴사를 하거나 큰 일이 일어나지 않는다는 가정 아래 권하는 말이다. 물론 이 계산에는 노후 대책 비용은 빠져 있다. 계산 금액이 플러스라면 양호한 상태라고 할 수 있다. '0' 상태에 가깝다면 몹시 불안할 것이다. 예상 수입을 산출할 때 가정으로 세운 것이 하나라도 삐끗하면 돌이킬 수 없는 상태에 빠질 수도 있다.

계산 금액이 마이너스라면? 지체 없이 미련을 버려야 한다. 특별한 경우가 아니면 수입은 원한다고 해서 늘어나지 않는다. 결과가 훤히 보이는 '지는 게임'을 할 필요는 없지 않은가!

계산 결과가 정확한가를 확인하기 위해서 다른 방법으로 검산을 해보자. 예상되는 총수입 중에 총부채비율(주택담보대출 금액과 자동차 할부금 등 모든 부채)을 계산해 보라. 35%를 넘는가? 그렇다면 확률 없는 게임을 하는 것이다. 경제학자들은 소득으로 감당할 수 있는 부채 비율을 연구하여 35%를 제시하고 있다. 검산 결과도 일치한다면 결단을 내려야만 한다.

• 용적률의 혜택은 더 이상 기대할 수 없다

아파트 가격 하락에도 꿈쩍하지 않는 사람들도 있다. 소득 대비 부채 금액이나 비율을 계산해 보여도 움직이지 않는 사람들이 있다. 그런 사람들에게는 믿는 구석이 있기 때문이다. 바로 재개발이라는 '한 방'이다. 그러나 재개발을 믿는 사람들이 미처 모르는 함정이 있다.

모든 재화는 구입해서 사용하는 순간부터 감가상각이 되기 시작한다. 즉 중고가 된다는 것이다. 새 차도 자동차 회사에서 차량을 인도받아 운전을 하면서부터 중고차가 된다는 말이 있다. 새 차나 다름없는데 억울하다고 생각할 수도 있다. 그러나 이것이 모든 재화의 성질이다.

아파트도 마찬가지다. 입주하는 순간부터 아파트는 감가상각이 되기 시작한다. 아파트 역시 재화 중의 하나다. 우리들은 부동산만은 감가상각이 되지 않는다고 믿어 왔다.

'땅은 어디 가지 않는다.'

이 믿음은 아주 오랜 옛날부터 전해진 믿음이다. 하지만 시대가 변하면서 부동산 역시 감가상각이 되는 재화로 변하고 있다. 우리의 인식만 변화의 흐름을 거부할 따름이다.

아파트는 우선 젖혀두고, 변하지 않는다고 믿는 땅을 보자. 한때 서울 북쪽의 고양과 의정부를 잇는 도로는 수려한 경관 덕분에 많은 음식점과 카페들이 들어섰다. 수요가 몰리면서 공급은 한정되어 있는 토지의 특성에 따라 땅값은 상승했다. 그러나 서울외곽순환도로가 완공된 지금도 계속 같은 가격을 유지할 수 있을까?

비슷한 사례는 얼마든지 있다. 경춘고속도로와 경춘선 전철이 개통됐다. 서울과 춘천을 오가는 사람들은 시간과 경비를 절약하는 길이 열렸다. 그러나 수려한 북한강변을 끼고 활황을 누리던 많은 음식점들과 카페, 관광지들은 타격을 입을 것이 분명하다.

이 상태에서 땅을 매입하겠다는 사람도 없을 것이고, 영업이 안 되는 곳에서 버틸 주인들도 없다. 결국 땅값은 뒷걸음질을 치게 될 것이다. 앞으로 서울 속초 간 고속도로가 완공되면 양평, 홍천, 인제 등도 비슷한 길을 걷게 될 것이다. 땅은 그대로지만 가치는 떨어지게 된다. 곧 감가상각이다.

부동산이라는 재화는 감가상각도 되지만 이처럼 개발 등에 의해서 급속하게 다른 처지에 놓일 수도 있다. 그런데 유독 아파트는 감가상각을 피해 가는 것만 같았다. 실제로 많은 사람들이 아파트를 선호했던 이유가 아파트는 지은 지 오래 되어도 가치가 그대로 유지된다고 믿었기 때문이다.

특히 강남의 아파트들은 오래될수록 가격이 오르는 기현상이 벌어졌다. 바로 용적률이 부린 조화 때문이다. 그러나 용적률이 언제까지 아파트의 자산 가치를 지켜줄 수는 없다.

용적률 혜택을 본 아파트는 거의 소멸되고 있다. 강남이라는 지리적인 특성과 건축 당시보다 높은 용적률 적용, 주로 저층 아파트가 누린 혜택이 사라지고 있다는 뜻이다.

재개발이 수익을 내는 구조는 간단하다. 건축 당시보다 용적률이 높아지면서 고층으로 지으면 더 넓은 평형의 아파트를 공급할 수 있게 되었다. 늘어난 아파트 가구는 일반 분양으로 되팔아 얻은 수익으로 조합원들은 아파트 건설에 들어가는 건축비도 감당하고 자신의 아파트도 더 넓게 지을 수 있었다.

재개발을 통해 수익을 얻은 것은 강남만이 아니다. 문제는 여기서부터 생기기 시작했다. 신규 아파트에 입주하는 사람들은 아파트 감가상각을 고민하지 않았다. 20~30년 후가 되면 지금처럼 재개발을 통해 더 넓은 아파트도 얻고 수익도 올릴 수 있을 것이라고 믿었다.

그러나 이미 용적률의 혜택을 더 이상 기대할 수 없게 되었다는 것은 까맣게 몰랐다. 신규 32평형 아파트를 분양 받은 사람이 있다고 하자. 그도 역시 미래에 대해서 걱정하지 않았다. 재개발이 있기 때문이다.

그러나 중요한 사실을 모르고 있었다. 건설회사가 시공을 하면서 보다 높은 수익을 올리기 위해 사용 가능한 용적률을 최대한 활용했다는 것을. 32평형을 분양받은 그가 가진 대지지분은 겨우 7평에 불과하다.

시간이 흘러 재개발이 된다고 해도 그는 지금보다 넓은 평형의 아파트에서 살 수 없다. 용적률은 갈수록 강화되는 추세이기 때문이다. 거기에 재개발을 할 경우 들어가는 건설비용을 지불해야만 한다.

재개발과 용적률의 함수 관계를 몰랐기에 큰 실수를 한 것이다. 보통 건설 회사들은 아파트 홍보에만 열을 올리지 정작 가장 중요한 정보, 즉 사용한 용적률과 미래 가치라고 할 수 있는 재개발 시 확보할 수 있는 용적률에 대해서는 설명해 주지 않는다. 물론 가구당 대지 지분도 알려주지 않는다.

골치 아프니까 20년 뒤 생각해 보자고 뒤로 미룰 수도 있다. 그러나 더 큰 문제가 기다리고 있다. 바로 감가상각이다. 예전에 지어진 아파트들은 재개발과 용적률을 이용하여 감가상각에 대해 고민하지 않아도 됐다. 그러나 이제는 사정이 다르다. 재개발에 따른 이득을 기대할 수 없는 상태에서 아파트에 감가상각이 실현되면 끔찍한 현실이 기다린다.

보통 주택처럼 아파트도 낡아진다. 아무리 관리를 잘해도 배관에서 문제가 발생하고 점차 수명이 다해가는 콘크리트, 미관이나 환경 등 여러 가지 문제가 발생할 수밖에 없다. 아파트 가격은 점차 떨어질 것이다.

탈출구를 재개발로 삼고 주민들이 모여 머리를 맞대지만 획기적인 묘안이 떠오르지 않을 것이다. 아파트 가격이 지금처럼 하락하지 않는다고 가정하더라도 상황은 나아지지 않는다.

용적률을 낮춰 재개발을 하면 바로 앞 동 사람들 발코니에서 물건을 주고받을 수 있을 만큼 빽빽하게 지어질 것이다. 내가 살기 싫으면 다른 사람도 살기 싫은 법이다. 그런 아파트에 입주할 사람은 없을 것이다.

여기에 주민들이 공사비용까지 모두 내야 하는 상황이 발생한다. 용적률의 함정을 뻔히 알고 있는 건설 회사에서 선뜻 시공도 맡지 않을 것이다. 현재의 인구 구성 비율과 감소 추세를 보면 수요도 기대하기 힘들다.

그 상태에서 돈을 더 들여 재건축에 나설 주민은 거의 없을 것이다. 참고로 현행법에서는 재건축조합을 만들 때, 주민의 20% 이상이 반대하면 주택조합을 설립할 수 없게 되어 있다. 그 아파트 단지가 분양할 때 입주한 주민들의 평균 연령이 30대라고 하더라도 그 시기가 되면 정상적인 경제활동을 하는 사람은 거의 없을 것이다.

아주 뛰어난 교육 여건, 지리적인 조건 등을 갖추고 있지 않다면 그 아파트의 재개발은 불가능할 것이다. 여기에 시간이 지날수록 아파트는 흉물스럽게 변해가고, 나중에는 슬럼화될 수도 있다. 영화에서나 보던 뉴욕의 슬럼화된 아파트, 상상만 해도 끔찍한 일이다.

이것은 먼 미래의 일이 아니다. 20년 후, 30년 후 자신이 어떤 주거 환경에서 살아갈 것인지는 용적률에 발이 묶여 재개발을 포기한 강북의 아파트를 둘러보면 알 수 있다.

미래를 예상한 눈치 빠른 사람들은 아파트에서 벗어났다. 그러나 아파트가 재산 가치를 보존할 것이라고 믿었던 사람들만 막연한 기대 속에 살고 있는 것이다. 그렇다고 자신의 재산 가치를 지켜주기 위해 사회나 국가가 재개발을 시행하리라는 이상한 생각을 가진 사람은 없을 것이다.

우리는 재개발이라는 말만 들으면 황금알을 낳는 거위처럼 생각하고 우르르 몰려갔다. 그러나 재개발의 실상은 이것이다.

용적률에 의해 재개발 이득이 사라지는 순간 아파트는 감가상각의 덫에 걸리게 되어 있다. 그런 상황을 잘 알고 있으면서도 건설 회사들은 2009년에만 30만 가구 이상의 아파트를 시장에 내놓았다.

● 아파트의 매도 가격을 내려라

앞에서 자가진단을 통해 과연 지금 살고 있는 아파트를 수호할 자신이 있는지를 따져 보았을 것이다. 또한 아파트 미래가치를 결정하는 재개발 문제도 알아보았다.

두 가지를 판단한 결과 어느 하나라도 충족시킬 수 없다면 탈출을 준비해야 한다. 그러나 막상 탈출을 결심했음에도 불구하고 방법을 모르거나 머리 따로 몸 따로 움직이는 경우가 있다. 사실은 대다수 사람들이 그렇게 행동한다.

그런 사람들에게 알려주는 방법이다. 너무 상식적인 내용이지만, 이 기본을 지키지 않아서 뜻하지 않은 피해를 보지 않기를 바라는 마음이다.

더 이상 버티기 힘든 상황이라면 하루라도 빨리 빠져 나오는 것이 좋다. 그래야만 피해를 줄일 수 있다. 이것은 누구나 알고 있는 사실이다. 하지만 누구도 선뜻 그렇게 하지 않고 있다.

아파트의 매도 가격을 내려라!

앞에서 예로 들었던 생선장수의 계산법을 잊지 말자. 반드시 팔아야 하는 상황이라면 가격을 내려야 한다. 아직도 활황인 경매시장에서 교훈을 배워야 한다. 최저 입찰가격이라는 판단이 서면 그 경매는 이루어진다.

가격을 내렸는데도 안 팔리는 아파트는 없다. 절대 손해보고 팔지 않겠다는 생각, 즉 손절매는 하지 않겠다는 다부진 각오가 도리어 더 큰 화를 불러올 수도 있다.

물러날 때는 신속하고 정확한 길을 찾아야 한다. 매매에서 가장 좋은 방법은 매도자가 가격을 낮추는 것이다. 매매는 매도자의 입장만 있는 것이 아니다. 매수자도 매매가 이루어지는 중요 조건 중의 하나다.

더 이상 머물수록 손해라는 계산이 섰다면, 미리부터 가격을 정해 두고 흥정하지 말아야 한다. 시간이 지날수록 미래에 입게 될 손해도 생각해야 한다.

이것은 마치 기업이 M&A를 하는 것과 같다. 기업들은 지금 당장은 문제가 없어 보이는 기업이라도 미래에 미칠 영향을 감안하여 M&A를 단행한다. 옆에서 보기에는 기업을 판 입장이 큰 손해를 본 것 같지만 사실은 그렇지 않다. 지금 당장의 손해보다는 미래에 들어갈 투자 금액 대비 이윤, 기업집단에서 그 기업으로 인해 발생할 손실 등을 생각하면 신속하게 의사결정을 하고 빨리 그 기업을 처분하는 것이 득이 된다.

아파트를 처분할 때도 마찬가지 원리를 적용해야 한다. 그러면 가격에 대한 집착보다 미래에 발생할 손해를 더 고려하게 된다.

장사나 사업을 하는 사람들은 급하면 '떨이 판매'도 사용한다. 그래야 피해를 줄이고 내일을 기약할 수 있기 때문이다. 그런데 유독 부동산, 특히 아파트를 매도하는 사람들은 그런 생각은 절대 하지 않는다.

사실 아파트를 순수하게 주거 용도로만 매입하는 경우는 드물다. 대부분의 사람들은 그동안 보아왔던 대로 주거를 하면서 나중에 가치가 상승하여 팔 때의 가격과 매입할 때의 가격 차익을 남기기를 원하며 아파트를 매입한다.

그러나 생각했던 것만큼 기대 가치가 실현되지 못할 수도 있다. 그 상태에서 자신의 상황과 아파트가 가진 미래 가치 등을 감안하면 서둘러 퇴각하는 것이 맞다. 그러나 미련이 발목을 잡는다.

미래에 발생할 수익을 염두에 두고 아파트를 매입했다면 그것은 투자다. 투자의 책임은 전적으로 자신에게 있다. 자신이 처한 상황을 점검하고 검토한 결과 처분 이외에 다른 길이 없다면 손절매도 감수해야 한다. 시간이 갈수록 상황이 안 좋아질 것을 알면서도 손절매만은 절대 안 된다고 하는 것은 점점 더 깊은 수렁으로 스스로 걸어 들어가는 것이다. 안정된 기반에서 미래를 위해 투자할 자산을 스스로 까먹는 행동이기 때문이다.

이 책에서 대부분 분량은 '왜?'를 설명하고 납득시키는 과정을 담고 있다. 그것은 이유가 있다. 우리는 아직도 '아파트 불패론'을 신앙처럼 믿고 있다. 돌아가는 상황을 보면 불안하기는 하지만 자신의 아파트만은 예외일 거라는 기대도 품고 살아간다.

물론 이 책에서는 왜 아파트가 아닌가, 그 이유를 다시 한 번 강조

할 것이다. 그 이전에 스스로 판단하기에 아파트를 떠날 수밖에 없는 상황에 처한 사람들에게 알려주는 비상구를 찾는 방법은 의외로 간단하다.

손절매를 포함하여 모든 가능성을 열어두고 아파트의 매도 가격을 낮춰라!

이것이다. 주택담보대출로 아파트에 꽁꽁 묶인 사람들은 스스로 그 밧줄을 잘라야 한다. 가능성이 없다는 것을 알면서도 경매로 넘어가는 것이 두려워 (실제로 은행권에서는 3개월 연체면 상환 압박을 하기 시작하고 6개월이 지나면 상환 가능성을 판단해 경매에 붙이는 것이 관례이다.) 대출금과 이자를 갚아 나가면서 우물쭈물하는 것은 스스로 미래의 가능성마저 차단하는 것이나 다름없다.

여러 가지 진단이 난무하지만 필자가 판단하기에는 아직 본격적인 겨울도 오지 않았다. 그만큼 우리들은 우리 경제 여건에 비춰 너무 멀리 와버렸다. 우리들 스스로 아파트 맹신자가 되어 (누가 주도한 것인지는 알 수 없지만, 이미 투자 수익을 단단히 챙겨 아파트 시장을 떠난 사람들로 의심된다.) 돌이킬 수 없을 정도로 아파트 가격을 올려놓고 말았다.

이제 더 이상 아파트를 매입하겠다고 나설 사람은 없을 것이다. 일반 사람들이라면 감히 접근할 생각도 하지 못할 만큼 가격을 올려놓은 것이다. 우리들 스스로 시장을 폐쇄한 것이다.

그쯤에서 그만뒀어야 했다. 욕심이 과하면 화를 부른다는 평범한 진리를 되새기면서 우리 모두가 욕심을 접었어야만 했다.

지금은 시장이 실종된 상태다. 그렇게 보는 이유는 앞에서 누누이 설명한 것과 같다. 가격이 문제다. 이 문제가 해결되지 않으면 아파트 시장 전망은 어둡다. 그러나 분명한 이 사실을 왜 말하지 않는지, 필자는 짐작만 할 뿐이다.

필자의 간절한 바람이 있다. 그것은 아파트 시장에 대해 비관적인 전망을 하면서도 지금이 대폭락으로 가기 직전인, 미국·일본·아일랜드와 같이 버블 붕괴 직전의 상황이 아니기를 간절히 바란다. 지금과 같은 추세대로 서서히 가격이 하락하여 연착륙하기를 기원한다. 그것이 우리나라 경제가 회복 불가능한 핵폭탄을 얻어맞지 않는 유일한 길이라고 판단한다.

지금도 한편에서는 아파트 가격 하락으로 재산 가치를 잃어버렸다면서 정부에게 확실한 부양책을 내놓으라고 목소리를 높이고 있다. 또 다른 한쪽에서는 부동산 가격 반등을 소리 높여 외치면서 아직도 '아파트 불패론'을 믿는 국민들을 대상으로 호객 행위를 한다.

자신의 재산 가치를 손해 보지 않기 위해 그런다는 것은 알 수 있다. 그러나 '소탐대실'이라는 말이 있다. 작은 것마저 놓치지 않으려다가 모두가 공멸의 길로 접어들 수도 있다는 것을 생각해야 한다.

버블 붕괴가 얼마나 큰 상처를 남기는지 우리는 익히 보아왔지 않은가!

전세 아파트는 안전한가?

손해보험 회사들이 전세 보증금을 보장하는 상품을 개발하여 팔고 있다. 이것이 의미하는 것은 심각하다. 전세 세입자들이 기존의 확정일자(지금 형성된 아파트 전세 가격을 생각하면 최대 5,000만 원을 지원하는 것은 거의 의미가 없다고 봐야 한다)를 받아놓는 것으로도 부족하여 보장보험에 가입해야만 안심을 한다는 뜻이 아닌가. 이것은 전세 세입자들이 집주인의 능력을 의심한다는 것과 같다.

전세 세입자에게 전세 보증금은 가진 재산의 전부다. 그렇기에 혹시 있을지 모르는 일에 대한 대비는 철저해야 한다.

살고 있는 집의 등기부등본을 자주 열람해 보는 것이 가장 중요하다. 갑부와 을부를 비교해 보면 현재 살고 있는 아파트의 안전 여부를 확인할 수 있다. 갑부의 매입 가격과 을부에 기재된 담보대출 규모를 뺀 금액을 적는다. 그 금액에서 다시 전세 보증금을 빼면 전세 보증금의 안전 여부를 확인할 수 있다. 그러나 이것만 가지고 안심하기는 이르다.

시간이 날 때마다 부동산 사이트나 부동산 중개업소에서 살고 있는 아파트 가격 변동 추이를 꼼꼼하게 살펴봐야 한다. 등기부등본도 자주 열람하는 것이 좋다. 을부 기재 사항은 언제든지 변할 수 있다. 을부가 없어지는 것이 바람직하지만 오히려 을부에 추가 기재된 사항이 나오면 곤란하다. 집주인이 살고 있는 아파트를 담보로 대출을 받았다는 뜻이고, 이것은 현재 집주인의 사정을 알 수 있는 바로미터다.

대출금을 뺀 금액에서 전세 보증금을 뺀 금액이 '0'이라면 그나마 다행이다. 그러나 계산 결과 마이너스라면 전세 보증금의 안전 여부를 심각하게 고려해 봐야 한다.

담보대출 금액이 지나치게 많거나 집주인이 지나치게 전세 보증금 인상을 요구하면 한 번쯤은 이사를 생각해 봐야 한다. 전세 보증금 인상 요구는 2010년 하반기부터 시작한 전세대란의 영향으로 올려 받으려는 것일 수도 있다. 하지만 인상 요구액이 지나치게 높으면 다시 한 번 생각해 봐야 한다.

집주인이 보증금 인상을 요구할 때는 이유가 있을 것이다. 만약 계속되는 가격 하락과 높아지는 금융권에 대한 상환 부담이 이유라면 이사라는 번거로움을 피하지 말아야 한다.

또 한 가지 주의할 점이 있다. 전세 보증금 인상 요구를 받으면 손쉬운 방법으로 전세 보증금 대출을 생각할 수도 있다. 그러나 이때 신중하게 결정해야 한다. 그 방법이 '전세 + 월세'가 되어버리기 때문이다. 이때 월세는 은행 등에 매달 갚아 나가야 할 원리금과 대출 이자를 말한다.

그렇게 되면 미래는 점점 더 불안해진다. 돈을 모아 미래를 대비해야 되는 시점에 월세까지 내야 하는 것은 보통 큰 부담이 아니다.

자녀 교육 문제 등 꼭 그 지역에서 살아야 할 필요가 없다면 이사를 하는 것이 보다 현명할 방법이 될 것이다. 이사를 하는 방법은 여러 가지 있을 것이다.

가장 먼저 떠올릴 수 있는 것이 아파트 규모를 줄여 이사하는 것이다. 그러나 지금의 아파트 시장 추세와 전세 보증금 인상 등을 생각한다면 권할 수 있는 방법은 아니다.

미분양 아파트를 매입하는 것도 한 가지 방법이 될 것이다. 그러나 이때는 수입 대비 부채상환비율, 경제활동 가능 햇수, 20년 뒤 아파트 감가상각이 발생하기 시작했을 때 감당할 수 있는지 등을 신중하게 검토해야 한다.

가장 좋은 방법은 아파트 생활을 청산하는 것이다. 아파트 생활에 대한 미련을 버리면 전세 보증금만으로도 내 집을 장만할 수 있는 기회를 가질 수 있다. 아파트 생활을 포기할 수 없다면 소형 평형의, 서울 인근 아파트를 매입할 수도 있을 것이다.

사실 아파트는 월세 방식으로 주거하는 경우도 많다. 월세인 경우,

집주인들이 금융비용 상환 부담이 없어 월세 수입을 더 선호한다는 측면에서 위험도가 떨어진다. 낮은 월세 보증금으로 아파트에서 생활할 수 있다는 장점도 있다.

그러나 집주인이 과도한 월세 인상을 요구한다면 한 번쯤은 다른 주거 방식을 고민해야 한다. 월세는 그야말로 소비를 하는 것처럼 사라지는 돈이기 때문이다. 수입이 보장된 기간에는 그런 주거 방식도 가능할 것이다. 그러나 수입이 보장되지 않는 일이 일어난다면 졸지에 길거리를 헤매는 기막힌 일이 현실로 나타날 수도 있다. 꼭 필요해서 단기간 거주하는 것이 아니라면 월세는 바람직한 주거 방식이 될 수 없다. 특히 고용불안이 심해진 요즘에는 더욱더 그렇다.

아파트 이야기를 하면서 전세 세입자에 대해 말하는 이유가 있다. 아파트 전세 보증금이 폭등하기 때문이다. 지역에 따라 차이는 있지만 서울을 예로 들면 2010년 초에 비해 2010년 말에 이르면 4천만 원에서 5천만 원까지 상승한 지역도 있다.

왜 이런 일이 일어난 것일까? 원인 분석을 하면 그 중심에 아파트 가격 하락이 자리 잡고 있다. 매입 여력을 가진 전세 세입자들은 지금의 아파트 시장에 대해 '투자 수익을 기대할 수 없다'고 결론을 내렸다. 관망세다. 전세 보증금 인상에도 불구하고 재계약이 늘어나는 이유다.

여기에 매매수요, 즉 시장이 실종되면서 신규 분양 아파트가 전세 물량으로 공급되지 않는 것도 전세대란을 일으킨 주범이라고 할 수 있다. 미분양 아파트 증가 → 전세의 수요와 공급의 혼란으로 인한 결과다.

전세 보증금 상승은 집값 추가 하락을 기대하는 실수요자들이 전세로 살면서 관망을 하고 전세에서 월세로 전환하는 아파트가 늘어나 수급 불균형이 생긴 결과다. 그러나 어쩔 수 없이 전세 아파트에서 살아야 할 수도 있다. 하지만 어쩔 수 없는 일이라고 하더라도 반드시 피해야 할 아파트가 있다.

부동산 중개업소를 돌아다녀 보면 주변 시세를 알 수 있다. 그 시세보다 집주인이 요구하는 전세 보증금과 채권 최고액을 합친 금액이 더 많거나 비슷한 경우다. 이런 경우, 집주인은 가격 상승에 따른 투자 수익을 기대하고 아파트를 매입했다고 보아도 무방할 것이다.

자, 이제는 상식을 동원할 차례다. 아파트 가격은 하락세를 면치 못한다. 채권 최고액과 전세 보증금을 합치면 요즘 형성된 시세다. 아파트 가격 추가 하락이 이어질 경우를 생각해 보자. 채권 최고액은 줄어들지 않는 가운데 전체 아파트 가격에서 전세 보증금만 줄어드는 격이다.

집주인이 금융권 상환을 성실히 한다면 다행이지만 집주인이 상환을 포기한다면 그 손실은 고스란히 전세 세입자가 떠안아야 한다.

금융권이 경매에 붙이면 그 아파트의 1순위는 채권을 설정한 금융권이다. 보통 경매로 나오는 물건의 감정가가 시가의 70%라는 점을 감안하면 찾을 전세 보증금은 거의 없다고 봐야 한다.

집주인이 전세 보증금을 담보대출 금액 상환에 사용한다는 약속을 하고 계약을 할 수도 있다. 그러나 집주인이 성실하게 약속을 이행하지 않을 경우, 폭탄을 깔고 앉아 사는 느낌일 것이다.

약속을 이행한다고 하더라도 지나치게 높게 설정된 담보 금액, 즉 채권 최고액은 언제든지 문제가 될 수 있다. 계약하기 전 반드시 등기부등본을 열람하여 채권 최고액이 얼마인지 확인해야 한다. 이런 아파트는 나중에 이사를 하는 것도 쉽지 않다. 전세 세입자들이 가장 꺼려하는 요소를 두루 갖추고 있기 때문이다. 근저당 설정이 돼 있는 아파트는 피하는 게 상책이다.

전세대란을 보면서 느끼는 것은 있다. 같은 문제를 보면서 사람에 따라 다른 처방을 내놓는다는 점이다. 현재의 전세대란은 전세 물량 부족에서 비롯된 것이 아니다. 아파트 가격 하락으로 인해 담보대출 상환 비용에 부담을 느낀 집주인들이 급히 월세로 전환한 것이 주요 원인이다.

무엇보다 문제인 것은 지금의 전세대란을 일시적인 현상이나 공급 물량 부족으로 진단하는 것이다. 사실은 지금의 전세대란은 아파트 가격 하락이 계속되리라고 보는 시장 전망의 결과다.

이미 아파트 매입 여력을 가진 사람은 다 매입했다고 봐야 한다는 필자의 말을 기억하기 바란다. 전세대란도 문제를 파고들면 지금의 아파트 가격에서 비롯되었다는 것을 알 수 있을 것이다.

● 임대면 어떻고 전세면 어떠랴

시각을 바꾸면 길이 보인다. 단 한 가지만을 보고 있을 때는 시각이 좁을 수밖에 없다. 그러나 단 한 가지만을 바라보지 않고 주변을 살펴보면 여러 가지 다른 길들이 보이기 시작한다.

지금 중년을 형성하는 윗세대들은 고향을 떠나 급속도로 도시화, 산업화에 편입된 세대들이다. 고향에서 살 때까지만 해도 집은 당연히 '내 집'으로 알았던 그 세대에게 대도시에서의 집 없는 서러움은 이루 말로 다하기 힘들 정도였다. 그 세대들이 '내 집'에 그토록 집착한 이유가 여기에 있다. 그 소망은 자식세대까지 물려받았다.

아파트, 아파트를 부르짖는 것은 뿌리 깊은 유전자 때문이다. 그러나 세상은 달라졌다. '내 집' 한 채에 목숨을 걸었던 부모 세대와는 달리 추구해야 할 가치도 많아졌고, 맹목적인 희생의 가치에 대해서도 의심을 품고 있다. 여기서 아파트를 투자 가치의 수단으로 여기는 사람들은 열외로 한다.

가족의 형태가 소가족, 핵가족화하면서 굳이 큰 평형의 아파트가 필요하지도 않다. 그렇게 생각하는 사람들에게 아파트는 단지 주거 형태의 하나일 뿐이다. 필요 이상의 큰 평형의 아파트가 아니어도, 굳이 아파트가 아니어도 좋다는 사람들이 늘어나고 있다.

가장 두드러진 변화는 '자기 명의로 등기되어 있지 않은 임대나 전세 아파트도 상관없다'는 것이다. 집이 없으면 세상 두 쪽 나는 줄로만 알았던 윗세대들이 들으면 기절초풍할 일이다.

임대주택은 예전 같으면 웬만한 사람들은 쳐다보지도 않았을 주거 형태다. 그러나 요즘 실상을 보라. 임대주택에 입주하려고 줄을 서는 판이다. 그것도 젊은 세대들이 선호한다.

이것이 의미하는 것은 대단히 크다. 과거처럼 집 한 채, 아파트 한 채 가지기 위해 인생을 다 바치지는 않겠다는 적극적인 의지의 표현이다. 차라리 그 돈과 노력으로 자기 인생에 투자하고, 보다 생산성이 높은 분야에 투자하겠다는 생각을 가지고 있다. 이 생각에서 잘못된 점을 발견할 수 있는가? 없다.

얼마 전까지만 해도 임대 아파트에 사는 아이들은 학교에서 왕따 취급을 당해 큰 사회 문제가 된 적이 있다. 땅을 나눠 한편에 임대 아파트를 내준 주민들은 통행로를 막고 철조망을 치기도 했다. 참으로 유치한 짓이었다. 아파트 가격에 따라 사람의 인격까지 재단하려 들었으니, 그와 같은 일을 주도한 사람들은 역사에 남을 수치스러운 기록을 남긴 것이다. 훗날 지금의 천민자본주의를 공격할 때 앞서거니 뒤서거니 하며 비판의 대상이 되어야 할 짓을 한 것이다.

지금도 그런 일이 벌어지는지는 모른다. 분명한 것은 그런 일을 하는 사람들조차 양심에 꺼려한다는 것이다. 자기주장이 확고하고 정당하다면 실명 인터뷰, 얼굴이 비치는 인터뷰를 굳이 피할 이유가 없지 않은가.

하여튼 오랫동안 사람들 뇌리에 잊고 있던 임대 아파트는 새로운 주거 형태로 각광받고 있다. 특히 은퇴 전후의 사람들에게 임대 아파트는 인기를 얻고 있다. 내외 두 사람이 사는 아파트로는 적격이기 때문이다. 생활비를 절감할 수 있고, 은퇴를 앞두고 모아둔 돈으로 생활의 질을 떨어뜨리지 않고 살 수 있기 때문이다. 외면 받았던 임대 아파트는 은퇴 이후 노년의 생활을 설계하는 데 아주 중요한 고려 요소가 되었다.

또 한 가지는 장기 전세 아파트, 곧 시프트(Shift) 아파트의 공급이다. 보금자리주택이라고도 불리는 이 주거 형태는 아파트 매입에 전전긍긍하던 세대, 특히 부모와 자녀로 이루어진 2세대 가정에는 안성맞춤이라고 할 수 있다.

2세대 가정은 대략 30대 중후반에서 40대 사이가 가정을 꾸리고 있다. 이 나이에 아파트를 매입하는 것은 하늘의 별따기다. 혼인할 때 양가 중의 어느 도움으로 아파트를 마련하지 않았다면, 이 세대가 순수한 소득으로 아파트를 매입하는 것은 거의 불가능한 일이다.

다시 말하지만 문제는 지금의 아파트 가격이 불러온 결과다. 더 심하게 말하면 그동안 앞에서 말한 세대들이 부동산과 아파트를 통해 얻은 수익에 기뻐한 것만큼 그 자식 세대가 고통 받고 있다. 너도나도 뒤에 돌아올 부메랑을 생각하지 않고 가격 올리기에만 급급했기 때문이다. 한 세대가 주도한 일이라고 하기에는 그 파급 효과가 너무 크다. 이런 항변을 할 수도 있다.

"우리는 뼈 빠지게 일해서 내 집을 장만하고 그것으로 자식들을 키웠소."

그러나 어찌하랴! 그렇게 애지중지하던 자식들이 잔뜩 올려놓은 아파트 가격 때문에 밤잠을 이루지 못하고 있는 것을! 그렇게 하여 자신들이 살 아파트 말고 자식들에게 물려줄 아파트 한 채라도 건졌으면 다행이다. 그것도 되지 않는 노인들은 과연 부동산, 아파트에 대해 어떤 생각을 가지고 있는지 궁금하다. 자신은 내 집 갖기에 성공했지만 자식들에게는 고통만 남겨놓은 꼴이 아니던가.

이야기가 잠깐 오늘날 비정상적인 아파트 가격을 형성하게 된 두

주역들에 대한 푸념으로 빠지고 말았다. 짐작하겠지만 한 주역은 뒷날을 생각하지 않고 당장의 경기를 살리기 위해 개발에 여념이 없었던 정부, 지방자치단체, 기업, 언론 등이다. 그들은 지금 상황에서 책임을 면할 길이 없다.

보금자리주택이 공급되면서 이 땅의 세대들은 생각을 달리하게 된다. 굳이 내 집을 소유하지 않아도 이사 요구, 보증금 인상 요구에 시달릴 필요가 없다는 사실을 직시한 것이다.

그와 같은 세대들이 자식 양육의 책임을 마치고 경제생활에서 은퇴할 나이는 대략 60대 전반 이후가 될 것이다. 이 세대들에게는 더 이상 밤낮을 가리지 않고 일을 할 필요성이 없어진다.

보금자리주택은 보통 20년 안에 매입을 할 것인지 계약을 해지할 것인지를 결정해야 한다. 그런데 아파트도 감가상각이 이루어진다는 것을 아는 사람들이 그 아파트를 매입할 이유는 없다. 게다가 가족은 더 줄어 보통 부부만이 남게 된다. 큰 평형의 아파트가 필요 없어진 것이다. 지리적인 조건도 중요하지 않다. 자식 세대가 사는 곳에서 멀지만 않으면 된다.

끊임없이 신규 아파트 시장을 개척해야 하는 정책 입안자, 건설 회사 처지에서 보면 발등을 찍은 격이라고 할 수 있다. 그러나 아파트 매입 부담에서 벗어나게 된 사람들에게는 더할 나위 없이 좋은 해결책이다.

최근 들어서 아파트 가격 하락과 전세대란을 들어 보금자리주택 공급을 미루거나 줄여야 한다는 주장이 제기되고 있다. 이것은 철저하게 기존에 아파트를 소유하고 있는 사람들과 건설 회사의 입장만 반영한 것이다. 그 주장 어디에도 높은 아파트 가격 때문에 고통 받는 중산층과 서민들을 배려한 흔적은 보이지 않는다.

일부에서는 보금자리주택 공급, 임대주택 활성화 등이 아파트 가격 하락의 주요 원인이라고 공격하고 있다. 전세대란의 원인도 그곳에서 찾는다. 내 집 마련을 계획하던 실수요자들이 이른바 '반값 아파트'로 불리는 보금자리주택을 분양받기 위해 기존 아파트 매입을 꺼린다는 것이다.

설령 그렇다고 치자. 매 맞을 각오가 되어 있지 않다면 임대 아파트 활성화, 보금자리주택 정책을 취소해야 한다고 주장할 수 없을 것이다. 높은 아파트 가격 때문에 고통 받는 중산층, 서민을 생각한다면 일언반구도 꺼낼 수 없는 말들이다.

그런데 점입가경이다. 지금의 아파트 가격 하락이 부동산 버블 붕괴를 예상하는 집단 때문에 발생했다는 의견도 서슴지 않는다. 보금자리주택 공급에 대해서 건설 회사들은 단기적으로는 집값이 안정될 수 있지만 장기적인 관점에서 보면 2012년 이후에는 민간주택 공급에 공백상태가 올 것이라고 예언한다. 지금 미분양 아파트 문제를 보면서도 그런 말을 하는지 의심스럽다. 새삼 말하지만 진실은 이것이다.

"살 수 있는 여력이 있는 사람은 다 샀다."

"지금도 주택 공급률은 100%를 상회한다. 아파트가 부족한 것이 아니라 문제는 살 수 없을 만큼 높아진 가격이다."

"멸실률을 말하지 마라. 줄어드는 인구 추세와 인구 구성, 젊은 세대의 의식 변화를 생각하면 멸실률이 문제가 아니라 아파트에 대한 패러다임을 바꿔야 한다. 이미 소비자는 저만치 앞서 가 있는데 낡은 생각으로, 언론 등을 통해 위기를 모면할 생각은 버려야 한다."

지금 정부, 지방자치단체, 건설 회사들이 생각의 변화와 혁신을 꾀할 때다. 남의 탓을 하기 전에 언제까지나 호황이 지속될 것이라고 믿고 소비자의 생각을 따라잡지 못한 자신들의 약점부터 파악해야 한다.

부동산, 특히 아파트로 대표되는 주택은 공공재 성격이 강하다. 또한 사람답게 살 수 있는 최소한의 조건이 된다. 주거 문제가 해결되지 않으면 우리 사회는 늘 불안해질 수밖에 없다. 국민들은 통계에 의한 경기 상승을 믿지 않는다.

보통 사람들은 실질소득, 가처분 소득이 감소하고 있다는 느낌을 받고, 생활이 더욱 어려워지고 있다고 생각한다. 느낌이 아니라 실제 그렇다. 그 핵심은 높은 집값과 교육비 증가 때문이다. 이 문제는 늘 우리 경제의 발목을 잡는 역할을 할 것이다. 불안한 국민들은 갈수록 주머니를 열지 않을 것이고, 위축된 내수 경기는 다시 내수에 무게를 둔 중소기업에 돌아갈 수밖에 없다.

이런 점에서 정부는 '집값 안정'이 아닌 '주거 안정'으로 정책을 전환해야 한다. 바로 국민주택 공급 정책을 세워야 한다!

주택은 민간주택 공급과 국가주택 공급으로 나뉘어져 있다. 민간주택 공급 사업은 소유, 매매가 자유롭지만 지금은 공급자 우선 정책이라고 할 수 있다. 보다 투명하게 후분양, 건설비용 공개 원칙을 시행하여 아파트 매입자의 선택권을 보다 강화해야 한다.

국가주택 공급 사업은 임대 아파트 공급이 주가 되어야 한다. 임대 아파트는 단순한 복지의 개념이 아니라 안정적인 '주거 생활'을 보장한다는 측면에서 접근해야 할 것이다. 따라서 임대 아파트는 평생 주거를 기본으로 하고 중도 계약 해지 시에는 위약금을 부담시키고 임대비를 환급받으면 된다. 계약 완료(계약자 사망을 뜻함) 감가상각비를 제하고 임대비를 국가로부터 환급받도록 정책을 만들어야 한다.

장기 임대 아파트도 임대 아파트와 동일한 조건으로 공급해야 할 것이다. 지금과 같이 10년, 20년과 같은 계약 기간을 두면 그것은 계약 완료 시에 또 다른 문제를 낳게 된다.

이 밖에도 임대 아파트의 권리 계승, 임대 아파트의 가격 책정 문제

등 여러 가지 문제가 있을 것이다. 지금의 아파트 가격 하락을 '큰 사태'로 보는 것은 '집값'에 매달린 결과다. '집값'은 시장 원리에 맡겨야 한다.

정부가 지금 할 일은 심각한 상황을 맞이하기 전에 아파트 가격 하락 추세를 연착륙 방향으로 유도하고, 적절한 정책을 시행하는 것이다. 매입 자원이 한정된 상황에서 가격에만 집착할 일이 아니라는 것이다. 장기적인 관점에서 보면 지금 정부가 할 일은 '주거 안정' 정책을 시행하고, 국민들에게 신뢰를 얻어야 한다. 그래야 국민들은 미래에 대한 불안감을 떨쳐낼 것이다. 이것이 국가 경제, 실물 경제, 내수 경제를 살리는 지름길이 될 수도 있다.

● 왜 아파트에서 탈출해야만 하는가?

더 이상 인위적인 아파트 부양책을 사용하면 안 된다. 지금도 우리 경제 수준에 비하면 하늘만큼 높은 것이 아파트 가격이다. 그런데 담보대출 총액을 느슨하게 풀어 아파트 매입에 뛰어들라고 재촉하는 것은 누가 보더라도 국민을 위한 정책이 아니다.

그렇지 않아도 넉넉하지 못한 살림인데 빚을 내어 아파트를 사라니? 그 뒷감당은 누가 할 것인가? 아무도 없다. 정부 발표만 믿고 아파트를 매입한 사람들은 금리 변동이 오면 멍하니 앉아서 당하게 된다.

옛 어른들이 이런 말을 자주 했다.

"남의 돈 무서운 줄 알아야 한다."

빚을 내지 말고 살아야 한다는 뜻이다. 그 말은 지금도 여전히 경제를 꿰뚫어 보는 명언이다. 자신의 소득으로 감당할 수 없는 부채를 안게 되면 파산만이 기다리고 있다. 하물며 국가도 재정적자가 계속되면 파산하는 것이 현실이다. 우리도 직접 경험했고, 지금도 세계 곳곳에서 벌어지는 일이다.

필자는 이 책에서 계속하여 아파트 가격은 하락하는 것이 정상이라고 밝혔다. 우리나라 아파트는 심각하게 거품이 낀 상태이기 때문이다. 지금까지 많은 예를 들어가며 설명했지만 대지 면적으로 따져보면 아주 쉽다. 대지 면적 7~10평에 불과한 아파트가 6억~7억 원 이상을 호가하니 정말 비정상적이다. 1평에 1억 원이 넘는다.

아직도 자신의 아파트는 문제없다고 생각하는 사람들이 많다. 그러나 자신의 소득과 부채 비율을 생각해 보면 실로 오싹해질 수밖에 없다. 여기에 금리 인상 등 다른 변화라도 생기면 그야말로 최악의 상황에 처하게 된다.

높은 아파트 가격이 진앙지다. 실제로 아파트 시장을 선도한다는 강남 3구의 가격 추이를 살펴보라. 그리고 우리를 더욱 불편하게 만드는 진실을 찾아보라. 소유주가 실제 거주하는 아파트가 과연 얼마나 차지하는지를. 그들은 잃어봐야 아파트 한 채이지만 많은 사람들은 전 재산을 잃게 된다. 이런 상황에서 아파트 매입을 계획하는 것은 확실히 잘못된 셈법이다.

이제 아파트 불패론은 존재하지 않는다. 우리나라 아파트 가격은 앞에서 이야기한 것처럼 하락할 수밖에 없는 구조를 두루 갖추고 있다. 아직까지 버티고 있는 것이 용하다고 할 정도다. 물론 얼마나 빠른 시간에, 어느 정도 하락할지 정확한 계산을 해내는 것은 여러 가지 데이터가 필요하다.

여기서 핵심은 '버블 붕괴' 이전에 연착륙하는 것이다. 지금처럼 계속 아파트에 미련을 떨치지 못한다면 그것은 붕괴로 가는 길이다. 개인은 물론이고 정부, 지방자치단체, 건설 기업 등이 진실로 두려워할 것은 그것이다.

아직도 버블 붕괴가 실감나지 않는다면 우리나라 아파트와 유사한 길을 걸었던 미국이나 일본의 경우를 보면 된다. 일본의 경우 버블 붕괴로 주택 가격이 87% 폭락했다.

우리는 일본보다 더 심각한 위기를 겪을 수도 있다. 2010년을 기준으로 우리나라는 GDP 대비 80%를 부동산 가격이 차지하고 있다. 아파트 가격은 평균 국민소득 대비 약 20% 내외인 것으로 드러났다.

20년을 일해야 등기부등본에 을부가 없어진, 완전히 자신의 아파트로 만들 수 있다는 뜻이다. 그것도 고용이 보장되고, 안정적이고 지속 가능한 수입을 전제로 한 예상이다. 20년이면 평범한 개인에게는 경제활동기의 거의 전부라고 해도 과언이 아니다.

그렇게 해서 내 아파트 하나 만들어도 문제는 다시 시작된다. 20년이면 콘크리트 구조물인 아파트 감가상각이 본격적으로 시작되는 시기다. 그때는 또 어떻게 헤쳐 나갈 것인가?

이 상황에서도 건설 회사들은 다른 곳에서 활로를 찾지 않고 줄기차게 아파트만 짓고 있다. 앞서 밝힌 것처럼 우리나라 주택 보급률은 100%를 넘어 110%대에 육박한다. 매입 가능한 인구도 줄고, 신규 수요자가 되어야 할 젊은 층의 인식도 바뀌고 있다. 인구 구성과 경제활동 인구 감소, 고용 불안 등 하나같이 아파트 시장을 긍정적으로 바라볼 요소가 없다.

미래 투자 가치를 생각하고 아파트를 매입하려 드는 사람들에게 말하고 싶다. 아파트 가격에 반영된 미래 투자 가치는 이미 십여 년 전부터 실종되었다고. 그렇다면 단지 주거용으로 평당 몇 억 원을 주고 살 사람이 있을까?

너무 비관적이라고 말할 사람도 있을 것이다. 그러나 지금까지 살펴본 것처럼 우리 아파트 현실이 그렇다.

이제 판단은 이 책을 읽어내려 온 독자들에게 맡긴다.

만약 필자에게 주택담보대출을 통해 아파트에 살고 있는 지인이 아파트 해결책을 묻는다면 대답을 꺼릴 것이다. 지금도 대출금과 대출이자를 갚느라고 허덕이는 그 사람에게 참혹한 현실과 기다리고 있는 미래를 사실 그대로 말해 줄 용기가 없기 때문이다. 그런 사람들에게 필자는 인식을 전환하고, 패러다임을 바꾸라고 말할 것이다.

• 아파트에 목숨 걸지 말자

아파트 공화국!

대한민국 국민들은 지금까지 아파트 공화국에 살았다. 여기를 봐도 아파트이고 저기를 봐도 아파트 일색이다. 아파트가 우리나라의 대표적인 주거 형태가 된 것이다. 한강의 기적을 보여주는 텔레비전에 빠지지 않고 등장하는 화면이 한강변에 즐비하게 늘어선 아파트 단지다.

아파트는 주거 형태 기능만을 담당한 것이 아니다. 아파트는 모두가 바라는 주거 형태가 되었고 도시화와 산업화, 개인의 성취를 평가하는 기준이 되었다. 사실 여기까지는 큰 문제가 될 것이 없었다. 그 다음이 문제였다.

모두가 아파트를 주거 형태로 선호하게 되면서 아파트는 요술을

부린다. 단지 '살 집'이 아니라 투자 대상으로 떠오른 것이다(여기서 굳이 투기와 투자는 구별할 필요가 없다. 보다 솔직하게 말하면 아파트에 미래 투자 가치를 염두에 둔 모든 사람들은 투자와 투기의 경계를 가늠하기 힘들다). 그때부터 아파트는 우리나라 경제의 잠재적인 암적 요소로 자라기 시작했다. 다만 이 정도 상황이 오리라고 예측하지 못했을 뿐이다.

투자 대상이 되면서 아파트 가격이 치솟기 시작했다. 모두가 원하는 주거 환경, 여기에 투자 가치도 보장된다고 생각했으니 너도나도 아파트에 몰린 것은 당연한 결과다. 물론 아파트를 선택한 것은 텔레비전이나 언론 등에서 보여주는 대표적인 라이프스타일로 아파트를 등장시킨 것도 큰 이유다. 여기에 아파트 공급 중심의 주택 개발을 시도한 정부도 책임에서 자유로울 수 없다. 어쨌든 지난 20~30년간 우리 모두는 아파트, 아파트 앞으로 매진했다. 그 결과 지금 서 있는 위치가 우리의 현실이다.

시간이 흐른 지금 주변을 살펴보면 그토록 신뢰했던 아파트는 안개 속에 쌓여 있는 형국이다. 도무지 앞날을 종잡을 수가 없다. 가격도 그렇고, 앞으로 아파트 시장이 어떻게 펼쳐질 것인지 보는 사람에 따라 제각각이다.

그러나 분명한 것은 있다. 점차 아파트 가격은 하락할 것이며, 투자 대상으로는 적절치 않다는 사실이다. 투자를 통해 수익을 챙기는 사람들은 모두 그 사실을 잘 알고 있다. 아파트는 지나간 시대의 투자 대상이라는 것을!

재화를 생각하면 된다. 그 옛날, 19세기만 하더라도 은은 가장 귀중한 자산이었다. 산업개발에 성공한 유럽 나라들이 아시아 등 미처 산업화를 이루지 못한 민족과 국가들을 대상으로 과감하게 불공정 무역을 하게 된 것도 은을 획득하기 위해서였다. 이처럼 재화는 시대와 산업의 발전 정도에 따라 그 가치가 달라질 수밖에 없다. 현대 산업의 존폐를 쥐고 있다고 하는 원유도 마찬가지다.

1970년대의 오일쇼크를 알고 있을 것이다. 그 당시 원유는 전쟁을 치르면서 확보해야 할 만큼 중요한 재화였다. 모든 재화는 원유 가격 기준으로 인식되었다. 그리고 언제까지나 원유는 산업의 목줄을 쥐고 있을 것이라고 믿었다.

현재 원유 가격은 오일 쇼크가 발생하던 당시보다 거의 800% 가까이 상승했다. 하지만 높아진 원유 수입 가격 때문에 산업 성장이 중단될 것이라고 믿는 사람은 거의 없다. 각 국가들은 원유의 중요성을 깨달으면서 다른 대체 에너지원을 개발하는 데 전력을 기울였다.

물론 지금도 원유 의존도는 높다. 그러나 앞으로도 원유가 인류 생활에서, 산업에서 차지하는 비중이 지금과 같을 것이라고 생각하는 사람은 거의 없을 것이다. 충격을 받으면서 대안을 찾은 것이다. 그리고 이제는 기술적인 발전을 통해 실용화 단계를 앞두고 있다. 앞으로 원유는 산업 비중에서 차지하는 절대적인 지위를 다른 에너지원에게 내주게 될 것이다.

재화의 하나인 아파트 역시 마찬가지다. 그것만이 유일한 주거 형태라고 생각하고, 아파트만이 높은 수익을 올릴 수 있는 방안이라고 생각했을 때는 많은 사람들이 아파트 시장에 몰려들었다.

그러나 아파트의 장점이 상쇄되면서 이제는 허점들만 노출되고 있는 실정이다. 심하게 말하면 아파트를 일컬어 '우리 후손들이 막대한 철거 비용을 들여야 하는 괴물'이라고까지 표현한다.

지금 현재 있는 아파트도 차고 넘친다. 주택 보급률은 이미 100%를 넘어선 지 오래다. 지금 상태는 실수요자가 고갈된 상태라고 보면 된다. 담보대출을 통해 아파트를 매입한 사람들도 이제는 알게 되었다. 지독한 월세를 살고 있다는 것을! 그렇다고 해서 미래에 투입한 돈만큼 가치를 올려주지도 못할 것이다. 앞에서 재개발의 어려움에 대해서 말하면서 미래에 투자 가치가 왜 상실되었는지 밝힌 바 있다. 그렇다고 새로운 신규 수요도 만들어지지 않을 것이다.

지금은 정확히 이런 순간이다. 그나마 남아 있는 실수요자들이 아파트가 아닌 다른 주거 형태에 눈을 돌리는 순간, 아파트 시장을 선도하는 지역에서 단 한 곳이라도 버티지 못하고 대폭 하락세로 돌아서는 순간, 아파트 시장은 아수라장이 될 것이다. 결과는 이미 나와 있다. 다만 장비(정부 정책 등)의 도움을 받아 가까스로 연명하는 시한부 생명인 것이다.

현재 우리나라의 부동산 가격이 비정상적이라는 것은 알 만한 사람들은 다 안다. 소득 대비 부동산 가격이 선진국의 경우 평균 3배 정도인 데 비해 우리나라는 약 6배가 넘는다. 이는 전체 부동산을 따졌을 때의 개념이고 아파트만을 따지면 약 20배 수준이 된다.

비정상적인 것은 정상적인 것으로 대체되기 마련이다. 다만 그 시기가 문제였을 뿐이다. 그런데 그 시기가 다가오고 있다. 일본과 미국의 사례를 생각해 보면 이미 그 시기가 지났다고 볼 수 있다. 아무리 '땅 사랑'이 다른 민족에 비해 높은 우리 민족이라도 산업 생산성을 가로막는 비정상적인 상황을 버텨낼 수는 없다. 사람이 하지 않더라도 시스템이 그 상황을 바로잡을 것이다.

현재 아파트를 담보대출로 매입한 사람들은 심각한 타격을 받고 있다. 그들이 바라는 것은 오직 하나다. 예전과 같이 아파트 시장이 불길처럼 타올라서 금융비용을 상쇄하고 지긋지긋한 담보 잡힌 생활을 청산하는 것이다. 이들에게 노후 생활이나 미래 대책 같은 것은 전혀 없다. 당장 대출금과 대출 이자 갚아 나가기도 급급하다.

사실은 대출금 원금은 한 푼도 갚지 못하고 이자만 겨우 내는 가계도 수두룩하다. 그나마 이자도 갚지 못해 경매 등으로 집을 잃는 경우도 수두룩하다. 그런 사정을 알고 있기에 담보대출을 안고 있는 아파트에 살아가는 사람들은 하루하루가 진땀나는 승부다.

지금 아파트를 가지고 있는 사람들도 사정이 이런데, 대출 비용을 확대하면서 '지금이 저점이고 곧 반등할 것이니 아파트를 구입하라'고 권유하는 사람들의 속내를 도무지 모르겠다. 이 땅의 아파트 태반을 경매 물건으로 만들고야 말겠다는 심보가 아니라면 그런 정책을 시행하거나, 그와 같은 권유를 해서는 안 된다.

지금까지 지나치게 아파트에 매달렸다. 이제는 그만하며 돌아설 때가 되었다. 다행히 연착륙하면 좋겠지만 그것이 쉽지 않다면 빠른 결단이 필요하다.

다른 여러 가지 요인들도 중요하다. 하지만 가장 큰 문제는 한계 상황이 눈앞에 보이는데도 불구하고 아파트 사수를 외치는 사람들이다. 이제는 시야를 돌릴 때가 되었다.

왜 아파트에 목숨 건 인생을 살려고 하는가? 우리나라 특성상 아파트 매입에 들어간 돈이 전 재산이라는 것은 필자도 모르는 것이 아니다. 하지만 지금 상태를 유지하려다가 그나마 챙길 수 있는 것도 챙기지 못하는 상황을 만들까 두렵다. 진심으로 걱정된다. 그것은 한 가정의 파산이요, 해체로 가는 수순이기 때문이다.

아파트에 목숨 걸지 말자. 그렇게 하기에는 지금까지 살아 왔던 삶이 아깝지 않은가. 아파트에 대한 미련을 버리면 앞으로 얼마든지 사람답게 살 수 있는 시간과 여유가 생긴다.

지금은 결단의 시기다. 역설적이지만 아파트 가격은 지금의 전세 가격보다 약 30% 정도 비싼 가격까지 떨어져야만 새롭게 시장이 형성될 것이다. 그러면 담보대출을 받아 아파트 매입에 나설 것이다. 줄곧 이야기해 왔지만, 혹독한 고용 불안을 경험하고 인생관이 사뭇 다른 젊은 층이 새로운 시장을 형성할 것이라는 말은 귀담아 듣지도 마라. 그들은 자신의 인생을 위해서라면 혼인도 하지 않을 수 있다고 당당히 말하는 세대들이다. 그런 세대가 자신의 인생을 다 바쳐 아파트 한 채에 매달릴 것이라고 생각하는가?

현재 전세를 살고 있는 사람들은 매입 시기를 노리는 것이 아니라 돈이 없어서 사지 못하는 것이다. 그들은 아파트 시장이 기대할 수 있는 마지막 투자 집단이다. 그들이 움직이지 않는 한 아파트 시장도 꽁꽁 얼어붙게 될 것이다. 이쯤 되면 최선의 선택이 무엇인지 알았을 것이다.

버려야 얻을 수 있다.

이 말을 다시 한 번 깊게 되새겨 보기를 바란다.

아파트 쇼크

2011년 1월 25일 초판 1쇄 발행
2011년 2월 5일 초판 2쇄 발행

지은이 | 이원재

펴낸이 | 진성원
펴낸곳 | 케이디북스(KD books)
등록 | 제 307-2003-60호(2003년 9월 22일)
주소 | 서울시 성북구 정릉 3동 653-40
전화 | 02)909-2348
팩스 | 02)912-4438

ISBN 978-89-91197-81-7 13300

값 13,000원